BREF

En couverture, une photo de l'auteur
(Port de Perros Guirec)

Nouvelle édition

© Étienne Day, 2023
Tous droits de traduction, d'adaptation et de reproduction strictement réservés pour tous pays

Édition : BoD - Books on Demand, info@bod.fr

ÉTIENNE DAY

BREF

Chroniques

Comme un flic dubitatif contemple sur son mur une nuée de post-it, je me suis mis en tête de construire un livre à partir de mes plus récentes divagations littéraires, politiques ou résolument futiles.
Et bien ce n'est pas de la tarte !

C'était une chose que Jacob Nielsen avait remarquée au cours de leurs conversations : les marins ne se donnaient pas de grands airs et ne cherchaient pas à se rendre agréables. Ils disaient ce qu'il en était et leur avis sur la question, sans détour.

Björn Larsson

SOMMAIRE

1. LES ANNÉES	13
Perros-Guirec	15
Fontenay-le-Fleury	37
2. LES LIVRES	45
Le Verbe	47
Les Mots	51
Lire	59
Écrire	65
Éditer	69
3. LE CHATEAU	91
4. LES JOURS	123
L'Enfermement	125
La Vie	141

LES ANNÉES

PERROS-GUIREC

2018
Tous les quatre ans, je regarde quand même les deux dernières rencontres. Je n'ai pas regretté : un beau match. Ce n'était pas 98, mais les gens dans le bistrot avaient l'air presque heureux. Après, on est allé finir de siroter nos bières dans le bout de jardin, où quelques gamins tapaient dans un ballon jaune devant le plus petit qu'ils avaient placé dans les buts. Dans la rue, une vieille "Caravelle" décapotable vert d'eau est passée et repassée avec un drapeau. Deux petites filles, aux visages peinturlurés comme des peaux-rouges et perchées sur le petit mur de la plus belle maison, agitaient timidement de minuscules fanions devant un massif de roses kimono. L'air était doux mais commençait à fraîchir, comme le jour s'estompait lentement.

17 novembre 2019
Georges est rentré, après 11 jours de cavale. Beau poil, le ventre plein...

2015
Devant l'horreur je reste vide
Plié, fermé
Sur ce cri dans mon ventre
Qui ne peut pas sortir
Avec ce seul besoin impérieux, absolu
De serrer dans mes bras
Une personne que j'aime
Pour m'assurer qu'elle est toujours vivante
Chaude et odorante

11 avril 2020
Les bons côtés du confinement. Je ne savais plus écrire à la main. Grâce aux attestations, je fais chaque jours des progrès étonnants.

2014
Un soir que nous étions allés, avec mes petits enfants, voir sur le port du Brusc le feu d'artifice du 14 juillet. La petite foule bonhomme se pressait sur le quai, attendant patiemment que la nuit peu à peu s'épaississe. Quand la première fusée jaillit, transmettant de proche en proche le feu à chacun des ports voisins, comme l'incendie vole d'arbre en arbre. S'embrasèrent ainsi successivement Six-Fours, Sanary, Bandol puis La Ciotat. Je me retournai pour m'assurer de la présence à mes côtés des deux

garçons et échanger avec eux un regard de connivence. Bien sûr, je vis tous les gentils badauds qui contemplaient la mer avec des yeux d'enfants, où dansaient des étoiles. Seul, le dos à la mer, Pierre contemplait la foule.

16 avril 2020
Mon nouveau masque est très joli. On dirait une petite culotte.

2013
Le port du Brusc, l'hiver. Les rares réverbères peinent à percer la nuit. Les quelques bateaux frissonnent dans le mistral glacial. Les trottoirs sont déserts, où courent les détritus. Seule l'immense boulangerie, illuminée comme un paquebot, affronte vaillamment la tempête, avec sa petite vendeuse bien seule à la passerelle. Toute la désespérance, comme un tableau d'Hopper.

22 avril 2020
J'essaie de m'extraire de ce merdier. Je pense à Cécile, dont je prépare le livre, à ce qu'elle aurait dit de la situation et du livre, qui m'aurait fait rire aux larmes. Je pense à ses amis, malheureux de ne pas trouver les mots. À ceux qui se lancent avec le courage du désespoir. Je pense à Jacques Perry, qui nous a quitté il y a demain

quatre ans, à sa gouaille, à ce qu'il aurait dit lui aussi. Je pense à Katalin, qui a réalisé sur ses archives un travail phénoménal, pour le voir refusé par l'IMEC. Je pense à mes amis, qui ont quelque influence sur ces ayatollahs et qui pourraient l'aider, après que Nourrissier, Mauriac, Garcin et bien d'autres aient salué celui qui fut un écrivain majeur du XXe siècle.

1998
« Frogs machine » (RM 800), biquille fabuleux dessiné par Marc Lombard, volé en 1998 au milieu de la nuit dans le port de Perros Guirec et naufragé près de Costaérès. Un vrai polar…

25 avril 2020
Parfois sous mes fenêtres, une silhouette craintive accélère le pas. Mais comment distinguer un fantôme d'un honnête citoyen pourvu de son attestation de déplacement dérogatoire ?

1997
À Londres, où j'effectuais un stage d'anglais, pour tenter tardivement et désespérément d'en maîtriser les rudiments, une jeune japonaise, qui partageait mon calvaire, me montra un jour sa photo en robe traditionnelle bleue, avec un nœud immense au bas des

reins. *Sa copine sourit et me glissa furtivement dans l'oreille : « C'est une demande en mariage. »*

27 avril 2020
Yahto vient de me rapporter une petite feuille en cadeau, comme il faisait avec Cécile. Elle disait de lui qu'il était un poète. Cela dit, j'ai d'abord eu très peur : j'ai cru à un bébé souris !

1990
La première fois que j'ai entendu parler de réseaux, c'était dans les années 90 lorsque les politiques ont pris la tête de l'entreprise où je travaillais, pour y remplacer les polytechniciens. Il s'agissait alors plutôt de lobbying. Internet balbutiait encore. Mais j'ai alors eu le pressentiment que ce concept allait à l'encontre de la démocratie. Aujourd'hui, bien au delà du lobbying initial, les réseaux devenus « sociaux » nous enferment dans des bulles avec tous ceux qui pensent à peu près comme nous et appartiennent au même milieu social. Cette atomisation de la société ne peut qu'encourager les replis identitaires les plus dangereux. Nous avons besoin de la différence des autres, pour faire vivre la démocratie.

9 mai 2020
100 km à vol de mouette. J'pourrais aller à Guernesey. Suffit d'embouquer la passe Est au sud de Tomé. Tu bloques la barre et tu atterris 8h après pile poil sur la pointe Sud-Est. Mais je n'ai plus de bateau. Je vais prendre un chat ailé.

Dans les îles anglo-normandes, seules parcelles du Royaume-Uni qui aient été occupées par une puissance étrangère, on fête le 9 mai, jour de la reddition des nazis restés sur place, après que les alliés les aient négligés et laissés derrière eux, dans leur progression victorieuse.

Il faut lire le le livre de G.B. Edwards, *Sarnia*.
L'ouvrage a été admiré par John Fowles qui a écrit une préface à l'édition anglaise et salué par William Golding comme « une œuvre de génie ». Maurice Nadeau, quant à lui, dans sa présentation de l'édition en français de 1982 parle d'une « exceptionnelle réussite », d'« un subtil, complexe et magique composé d'espace, de temps, de souffrances et de joies humaines, (qui) se tient ainsi entre terre et ciel pour une éternité de lectures ».

1985
Jean Fabre nous a quitté. Nous nous étions connus par nos filles, élèves de la même école et nous avons passé

tant de bons moments ensemble. Puis la retraite nous a éloigné. Au milieu de tous ces bons souvenirs, je revis cette traversée à la voile de Granville à Trégastel, durant laquelle un méchant coup de vent nous avait cueilli à 6 h du matin au large de Bréhat. Dans une mer devenue jaune, il nous fallut remonter lentement contre vent et courant. Nous en avons bien chié avec jubilation. Arrivés avec 12 h de retard au mouillage du Coz Pors, lorsque nous entreprîmes mollement de gonfler notre annexe, les feux du 14 juillet, tirés de l'îlot le plus proche, explosèrent à ce moment précis pour nous souhaiter la bienvenue. Je lui dédie ce moment de pure joie enfantine (26 novembre 2020)

9 mai 2020
L'évitement
Ça déconfine, ça déconfine. Faut dire qu'il fait très beau. Beaucoup de monde sur le port et dans les commerces, comme à Pâques. Comment allons-nous vivre comme ça en nous évitant ? Je préférais ne voir personne.

1981
Le 10 mai 1981, c'était chouette. J'aurais aimé être à la Bastille. Mais nous étions trop loin. Alors nous avons trinqué avec des voisins (2e maison à droite), marchands de chaussures à la retraite, dont nous n'aurions jamais

imaginé qu'ils se réjouissaient autant que nous et qu'elle avait sauté, enfant, sur les genoux de Jaurès !

9 mai 2020
Dans les commerces de bouffe, à partir de lundi, mesures drastiques : masque obligatoire, lavage des mains obligatoire et sens de circulation. Super. Ça aurait été encore mieux durant le confinent ! Mais c'est vrai j'oubliais : y'avait pas de masques, ni de gel. J'suis con...

1968
Petit écho de la mode
Paraît que le vintage est à la mode. Vingt dieux ! Qu'est-ce que je portais en 68 ? Costume en velours côtelé chamois et chemise bleu pétard (genre valise de Cécile quand elle est descendue du train, mais ça c'était bien plus tard). Dans les amphis houleux on me hélait ainsi : Et toi la chemise bleue ! Ce qui devait vouloir dire : Tu vas nous faire chier encore longtemps ? L'année d'après, en 69, c'était caban, Levi's et Clarks. Ah les Clarks, un truc à se tordre les pieds. Je déconseille.

3 juin 2020
Il y a tout juste un an, Cécile entrait dans son dernier confinement, dont elle ne parviendrait à s'échapper qu'en prenant son envol.

Affection et reconnaissance aux infirmières et aides-soignantes qui l'ont dorlotée, cajolée, bichonnée pendant ses derniers mois.

Il faut dire qu'elle n'a jamais cessé de faire le clown, au point que les filles ne rataient jamais la moindre occasion de se regrouper dans sa chambre pour l'écouter et rigoler.

1968
Ce qui manque le plus aujourd'hui, c'est que les gens se parlent. La parole est pourtant ce qui distingue l'homme de l'animal.
En mai 68, nous voulions d'abord ouvrir les portes et les fenêtres de l'université sur le monde moderne, introduire par exemple d'avantage de sciences sociales dans les études littéraires. C'était gentil. Ou bien pouvoir rendre visite aux filles dans les cités U. C'était coquin.
Et puis vint la grève générale et nous avons voulu faire la révolution. Alors nous avons attendu que le PC déterre les fusils de la résistance, mais les fusils ne sont pas venus. Si bien que lorsque est venue la claque de nos grands-pères titubants sur les Champs-Élysées, et que, le lendemain, l'essence est revenue aux pompes, nous sommes tous partis en vacances avec nos Deuch et nos Fiat 600, pour faire chier Jean Vilar à Avignon (et pas en Avignon). C'était pas très malin.

Mais, au delà de ces péripéties, qui paraissent aujourd'hui un peu dérisoires, le souvenir le plus bouleversant qui me reste de ces quelques journées de folie, c'est, au lendemain de la nuit des barricades, ces groupes de personnes de tous âges, ne se connaissant pas, qui se sont constitués spontanément partout, sur toutes les places de France pour parler, simplement SE PARLER.

3 juin 2020
Retour au camp de base. Plaisir de retrouver Marie, Seb, Jean et les autres. Marie s'est fait couper les cheveux. Pendant le confinement elle est allée ramasser fraises et tomates chez un maraîcher. Seb, lui, a préféré bouquiner et s'est enquis de mes dernières publications. Quant à Jean, tout beau et tout bronzé, il a bien profité de son jardin. On est tous un peu sonnés, mais ça va aller.

1966
J'ai conservé intacte de mes années de jeunesse une totale fascination pour les suffixes, découverts avec Alain Lerond, éminent linguiste d'une Université qui ressemblait plus à celle que décrit Anatole France dans sa tétralogie « Histoire contemporaine » qu'à celle d'aujourd'hui et dont j'ai la nostalgie. À de très rares exceptions près, elle fourmillait alors de professeurs

16 août 2020
L'interdiction que je me suis faite de commenter la folie collective qui a saisi notre société n'a d'égale que la collerette de Georges qui lui interdit de se laver, de sortir se promener et de me caresser du museau. Je ne sais pas lequel des deux va péter les plombs le premier. Peut-être le chagrin qui nous est commun nous permettra de tenir encore un peu.

1960
Je suis entré en littérature par la grande porte, celle de la minuscule boutique d'un libraire-disquaire à Fontainebleau. J'avais 16 ans. Elle était tenue par deux hommes, le patron, qui s'occupait des disques qu'il faisait venir directement de Londres et le libraire, Monsieur Paul, je crois, la trentaine bien sonnée, grand échalas à lunette, diacre à l'église et qui vivait chez sa maman. Peu de livres dans la première pièce, peut-être 1000, mais les plus grands. D'emblée, il m'a fait lire Prévert puis Saint-John Perse, Kafka et puis Faulkner.
Dans les bacs de la seconde pièce, comme une arrière-cuisine, ce qu'on appelait encore, loin des yé-yé français, les « variétés américaines » introuvables à l'époque, rock et jazz venus d'outre-atlantique. L'initiation à la musique classique viendrait un peu plus tard à Paris

6 juillet 2020
À bien y réfléchir, je ne vois qu'un seul moyen de nous en débarrasser : un formidable éclat de rire. Ça peut marcher.

1961
Odette Dagan m'a à peu près tout appris. J'étais très jeune. 17 ans, le bac en poche, je m'étais mis en tête de passer le concours de l'IDHEC (aujourd'hui SOFREMIS). Les autres avaient 5 ans de plus que moi, au minimum une licence. En dépit de mes notes honorables, on a bien voulu m'expliquer que j'avais tout le temps.
Sacré bonne femme, demeurée inconnue hors des cercles cinéphiles de l'époque, qui pourtant a formé des types comme Alain Cavalier. Elle n'a écrit aucun livre, mais reste étonnamment vivante dans la mémoire des ses anciens élèves, dont j'ai rencontré certains qu'ils l'ont connue quelques trente années après moi.
À l'époque, elle nous avait fait rencontrer Jean Renoir, toute une après-midi chez une de ses amies, où le grand cinéaste nous avait projeté en 16mm une version définitive de « French Cancan », dont il avait restauré le montage initial, quelque peu saboté par la production. Devant le maître qu'elle vénérait, notre chère professeur n'avait cessé de rire sous cape comme une petite fille.

tu ouvres ma poitrine avec tes doigts d'eau,
tu fermes mes yeux avec ta bouche d'eau,
sur mes os tu es pluie, dans ma poitrine
un arbre liquide creuse des racines d'eau »

6 juillet 2020
La distanciation dite « sociale » va faire de nous des « intouchables », comme les Dalits en Inde, auxquels sont dévolues les tâches « impures », comme le ramassage des ordures ou le nettoiement des latrines, pour un salaire de misère. Un peu tous ces métiers, qui nous ont permis de survivre pendant le confinement...

1962
Quand j'étais môme, il y avait plein de Traités : le délicieux Traité de volupté pratique, piqué à mon frère qui l'avait fauché à mon père et qui datait au mieux des années 30, mais aussi le Traité élémentaire de magie pratique du très estimable Papus et même le Traité pratique d'astrologie d'André Barbault. J'aimais bien le côté pratique, façon salon des arts ménagers, le parc d'attraction de l'époque.
Aujourd'hui il nous reste : Il a traité ma sœur...

exceptionnels, hauts en couleur, dont la science le disputait à un humour dévastateur et qui sont aujourd'hui tombés dans l'oubli. En si peu de temps ils m'ont tout appris et fait de moi ce que je suis. Ce furent sans le moindre doute les plus belles années de ma vie.

19 juin 2020
Croisé le croque-mort. M'a pas serré la main. « Corona », il a dit. Mais il avait son bon sourire, que j'aime bien. Du coup, j'en ai chialé comme une madeleine de prout.
Croque-mort, c'est joli. Ça me donne l'envie de mordre dans les fesses d'un ange.

1962
Après que Baudelaire m'a fait brutalement m'éloigner des sciences, deux poètes, parmi tant d'autres, découverts à l'adolescence, m'ont durablement marqué : Saint-John Perse et Octavio Paz.
De ce dernier, « Pierre de soleil » ne quittait pas la table de mes 18 ans. J'aime particulièrement ce passage, que j'ai toujours en tête :

« ta jupe de maïs ondule et chante,
ta jupe de cristal, ta jupe d'eau,
tes lèvres, tes cheveux, tes yeux,
toute la nuit tu es pluie, tout le jour

l'année suivante chez un disquaire du bas de la rue Monsieur-Le-Prince, depuis longtemps disparu.

22 septembre 2020
J'ai acheté un nouveau 501. L'ancien avait un trou. Je vais le refiler à une fille. Le mec était sympa. On a taillé la causette. Histoire de changer de sujet, on a parlé chiffon, économie mondiale. On n'a pas trouvé de solution dans l'immédiat, mais ça m'a rassuré.

1958
Un chat sur la lune
Comment, vers l'âge de 14 ans, je me suis soudain intéressé à la littérature, aux arts, cela reste pour moi un mystère. Rien ne m'y prédisposait. Il n'y avait pas de livres à la maison, hormis un rang de volumes reliés du Reader's Digest, assez laids, placés là pour orner l'une des deux « niches », qui encadraient la cheminée du salon, au milieu de bibelots, photos et autres souvenirs. En dehors des journaux, principalement l'Équipe, mon père lisait peu. Quelques gros volumes sur le sport, les Mémoires de De Gaulle, quelques ouvrages politiques. Ma mère ne lisait rien, pas même le journal ou bien un magazine. Moi je lisais les livres que l'on m'offrait à Noël ou pour mon anniversaire, dans la même collection Rouge et Or. Mes frères possédaient les volumes de la

bibliothèque verte, ma sœur collectionnait ceux de la bibliothèque rose. Moi c'était Rouge et Or. Peu attiré par les livres de mes frères, qui comportaient pourtant nombre d'auteurs de qualité (même si les textes étaient quelque peu allégés) comme Alexandre Dumas, Jules Verne ou Jack London, je préférais les niaiseries plus « contemporaines » de ma collection, qui narraient généralement les aventures d'une bande d'enfants en vacances aux prises avec une énigme vaguement policière, avec une prédilection marquée pour une certaine Saint-Marcoux dont j'aimais retrouver les personnages rémanents et surtout Paul Berna. Celui de ses livres qui m'a le plus marqué traitait de l'envoi d'une fusée dans la lune à partir d'une base située en Gironde. Le responsable du lancement était le père de l'héroïne principale, dont le chat noir et blanc se trouvait malencontreusement emporté par la fusée. Le livre se terminait par une vignette représentant le chat miaulant de désespoir sur le sol lunaire.

Passionné de sciences et de techniques, j'étais particulièrement fasciné par la conquêtes spatiale et je collectionnais articles et photos sur le sujet dans un « cahier de fusées ».

19 mars 2021
Confinement à l'air libre. Avons-nous le droit de rester chez nous ?

1958
De fait, le seul livre qui m'ait véritablement passionné avant 14 ans était une sorte d'encyclopédie scientifique, traduite de l'allemand, peu connue mais remarquablement bien faite, intitulée « La Terre ». D'une présentation austère (toutes les illustrations étaient en noir et blanc), elle était construite comme un roman et décrivait le monde depuis l'infiniment grand (en partant du big bang), jusqu'à l'infiniment petit (l'électron), parcourant ainsi l'ensemble des connaissances scientifiques de l'époque (astrophysique, géologie, zoologie, biologie, physique moléculaire).
Il n'y a pas si longtemps, j'ai pu voir à la télévision un document de synthèse qui présentait en quelques minutes ce zoom vertigineux qui, partant du cosmos, plonge au cœur de la matière, jusqu'à l'atome.

11 mai 2021
Qu'est-ce qu'on a pu se marrer il y a un an pendant le premier confinement ! Comme un air de jubilation. Il y a comme ça des moments magiques, où le temps suspend

son vol. Où dans ce grand silence, tout nous paraît possible, comme au matin du monde. Comme en mai 68. Et puis vient la renverse et la folie du monde nous submerge à nouveau et nous fracasse, dans un retour de vague assourdissant.

1957
13 ans, avec ma sœur Annie, 12 ans. Dernière année d'enfance au camping de Saint-Jean-de-Monts. L'année suivante, tout allait devenir beaucoup plus compliqué, lorsque les filles sortiraient brusquement de leur chrysalide.
Mais il y avait déjà ce frémissement dans l'air. Paul Anka, les Platters sur le juke-box du bistrot. Diana (prononcer Dayana...), Only you. Avec nos deux copines, Martine et Dominique.
Subjugué par Martine, cheveux courts, longs yeux verts, fossettes irrésistibles, quelques grains de rousseurs sur un nez mutin. Son visage est resté à jamais gravé dans ma mémoire. Alors je regardais Martine qui ne me voyait pas, quand Dominique me regardait que je ne voyais pas. Je n'avais pas encore lu Racine.

3 juin 2021
C'était il y a un an et nous croyions renaître. Il y avait dans l'air une sorte de gaîté, de légèreté. On souriait aux

anges, contents de se retrouver. Cette année, le Café du Port n'ouvrira que le 9 Juin. Le cœur n'y est plus. Cela paraît si loin, un siècle…

Le patron de La Crémaillère, en face de l'église, qui m'a régalé de ses repas à emporter pendant ces longs mois d'hiver, a fait un infarctus. J'espère qu'il va s'en sortir.

À part ça, je bosse beaucoup. C'est le centenaire de Jacques Perry, fabuleux écrivain. 5 livres en tout sortiront cette année. Le premier a paru, les autres suivront prochainement. Le plus dur c'est que ça n'intéresse personne. Cela fait huit ans que je rame pour faire redécouvrir aux plus jeunes certains de ces grands oubliés et pour faire mieux connaître des auteurs plus récents à l'immense talent, comme Cécile Delalandre, dont l'ensemble de l'œuvre en deux volumes paraîtra le 21 août. J'aurai publié à la fin de l'année 12 livres supplémentaires, peut-être 13 ou 14, si j'ai le temps et le courage, soit deux fois plus que les autres années, des livres qui se vendront mal, comme d'habitude. Je ne sais pas faire le buzz et je commence à fatiguer. Ensuite, il y aura tant à faire, de plus utile, au Secours populaire ou ailleurs

1956
J'arrive sur le parking et je la voie. La première voiture neuve de mon père (après une traction d'occas pourrie, je vous raconterai un jour). Une Dyna Panhard !
Lorsque, tout gamin, je l'avais découverte, garée dans la rue en pente, je m'étais dit : Quelle horreur ! La honte... Avec ses deux grosses verrues sur le cul. Et un levier de vitesse à dompter des deux mains. Plus tard, ma première belle-mère (super sympa) aura la même, conduisant comme une folle au milieu de la rue, écharpe à la Duncan, mais je m'égare. Moi je rêvait d'une Facel Vega, celle qui allait tuer Camus. Je ne pouvais pas savoir.
Alors sur le parking, je m'arrête pour la prendre en photo. Et voilà qu'un vieux type, enfin un type avec une tête de vieux s'arrête à ma hauteur, ouvre sa vitre et me hurle : « Mon père avait la même ! ». Bien sûr, je lui réponds : « Ben moi aussi. On doit être de la même génération... » Alors il me dit son âge : 4 ans de moins que moi... Il est reparti comme un dingue en montant sur le terre-plein. Sait même pas conduire. Il m'a foutu les boules, ce con...

6 juillet 2021
Qui nous libérera de cette folie sanitaire et du correcteur de texte. Surtout du correcteur. Ça urge.

1955
Le dimanche, je n'aimais pas trop aller à la messe, parce qu'il me fallait alors arborer un costume abhorré, veste et culotte courte, retaillées dans un costume usé de mon père et dont le tissus râpeux me hérissait les cuisses.
Pourtant me plaisaient bien tant la pompe solennelle et chamarrée du rituel que la musique psalmodiée du latin.
Mais à celle du dimanche, je préférais les messes que je servais en semaine comme enfant de cœur dans ma jolie soutane : celles confidentielles du petit matin dites pour trois bigotes, surtout les enterrements, où je prisais la possibilité qui m'était donnée d'agiter à tout va l'ostentatoire ostensoir. Heu non, encensoir ! Diantre, je me laisse emporter par le verbe…

28 août 2021
Le bon côté de la chose, c'est qu'ils ne peuvent pas nous interdire de rire sous cape.

FONTENAY-LE-FLEURY

5 septembre 2021
Ce que j'aime bien dans les haies clairsemées c'est qu'on voit à travers.

1954
Un type me demande sur Trombi. Je me souviens : un jour, à la sortie du lycée, en 6e, il avait mis des arrêtes de poisson dans ma capuche. Je vais accepter, faire mine de rien, pour avoir son adresse et lui péter la gueule. Non mais !

26 novembre 2021
Aujourd'hui est un grand jour. Dans une demi-heure sera installée une chatière à lecteur de puce électronique. Le top. Georges et Yahto se sont déjà fait enregistrer sans rechigner. Misou tarde à se laisser convaincre. C'est une fille.

1952
Il y avait, non loin du magasin de modes de ma mère face à l'entrée de l'église, un bureau de tabac-journaux minuscule, tenu par un vieil homme (à mes yeux), bourru

mais adorable, une tête de Brassens, qui me laissait, tous les jeudis matin, lire, assis par terre, la totalité des « illustrés » qui venaient de paraître, la plupart de type western, en noir et blanc et de petit format, tous d'origine américaine.
Puis j'allais vérifier avec satisfaction, à la porte de l'église, qu'ils étaient tous « interdits » par l'Index, ce qui me donnait la matière nécessaire à ma prochaine confession.
Ce type avait une fille, encore adolescente, la plus belle de la ville, que j'admirais beaucoup, sans donner d'avantage l'idée de l'ajouter à mes péchés du moment.

28 novembre 2021
Après avoir beaucoup lu sur l'apprentissage de la chatière par des chats adultes, j'en arrive à la conclusion que l'hiver n'est peut-être pas la saison la plus appropriée.

1951
Lorsque j'étais enfant, je saoulais mes parents avec mes « Pourquoi ? »

30 novembre 2021
Hier en fin d'après-midi, après avoir fumé ma clope apéritive dans le jardin (faisait pas chaud), j'ai trouvé en rentrant dans l'appartement un rouge-gorge en compagnie

de George et de Yahto qui le considéraient avec circonspection. Dans le but d'échapper à leur intérêt manifeste, le rouge-gorge cachait sa tête, sans doute sous son aile. J'ai tenté une première fois de le saisir avec douceur, mais il s'est échappé pour se réfugier sous le lit, bientôt suivi par les deux chats. Aucun des trois ne bougeait. L'oiseau avait sorti sa tête et se laissait caresser. Les chats le regardaient avec cette folle envie de jouer avec lui. Craignant le pire, en m'allongeant de tout mon long, je suis parvenu à l'atteindre, mais il s'est envolé pour se réfugier dans la salle de bain. Là j'ai pu enfin refermer les doigts avec suffisamment de fermeté pour le reconduire sur les marches du jardin, d'où il s'est envolé. Il ne présentait aucune blessure apparente. Et je ne saurai jamais s'il était entré tout seul dans un moment d'égarement, ou bien porté avec délicatesse par l'un des chats. Mais j'étais très ému de l'avoir tenu quelques secondes dans ma main. Il était très beau.

1947
3 ans, Clamecy. Mon plus lointain souvenir.
Pour revenir de la maternelle, je grimpais sur le muret de la sous-préfecture et cheminait en me cramponnant aux grilles jusqu'au magasin de ma mère, modiste.

14 mars 2022
Cela fait 8 mois que je n'ai pas mis les pieds dans un resto. Il fait très beau. Dans le vieux village, en face de l'église, ce petit bistrot super sympa où je n'ai encore jamais mis les pieds. Jolie salle. Des mamys adorables, un couple gay, patron charmant et attentionné. Cuisine simple et délicieuse. Derrière la vitre un forsythia en fleurs. Comme une paix retrouvée.
Mais sur le chemin, gens masqués dans la rue et dans les commerces. Cette peur poisseuse. Je ne peux m'empêcher de les imaginer avec effroi sous la menace des bombes.
Je fume à tort une cigarette, j'espère la seule de la journée. Vais faire une petite sieste.

1947
3 ans, Clamecy. Noël à l'usine, où travaille mon père, dans un immense hangar balayé par un courant d'air glacial. Une crèche vivante. Le lendemain, on apprendra dans le journal que le petit Jésus est mort de froid.

14 mai 2022
Je prenais tranquillement mon gaspacho avec les chats dans le jardin, lorsque Yahto a fait un bond dans un fourré épais puis en est ressorti en tenant dans sa gueule un oiseau qu'il est allé déposer un peu plus loin dans l'herbe. L'oiseau m'a cligné de l'œil pour me dire : Tout

va bien, je contrôle. Mais comme Yahto avançait la patte, certes griffes rentrées, dans l'intention manifeste de jouer avec lui, je me suis doucement interposé, caressant équitablement l'un et l'autre, jusqu'à ce que l'oiseau reprenne son vol.

1947
3 ans, Clamecy. Le premier jouet de Noël dont je me souviens. Un garage magnifique, en isorel. Avec des murs jaunes et un toit rouge. Quelques jours plus tard, le Père Noël est venu le reprendre, en laissant une lettre, selon laquelle je n'avais pas été sage. M'en suis-je jamais remis ?

22 mai 2022
Un joli parc, des oiseaux, quelques promeneurs de chiens en goguette et les chats qui m'attendent au jardin. What else ?

1947
3 ans, Clamecy. Fête de fin d'année de la première année de maternelle. Je faisais le meunier, assis par terre, la tête posée sur les bras repliés, avec sans doute un chapeau de meunier. Un autre môme ou deux (fille ou garçon ?) agitaient leurs bras derrière moi pour mimer les ailes du moulin. Me suis jamais vraiment réveillé…

23 juillet 2022
Pas peu fier d'avoir sauvé une souris campagnole de l'intérêt manifeste des trois chats qui ne cherchaient vraisemblablement qu'à jouer mais sait-on jamais. Long travail épuisant mais gratifiant. Pas eu le temps de prendre des photos.

1944
Quand je suis né, ma mère n'a d'abord vu que mes pieds : « Comme il a de grands pieds ! » Puis elle a découvert avec effarement que j'avais la tête « en poire ». Mais, pour la rassurer, le médecin s'est empressé de me pétrir le crâne comme de la terre glaise pour lui redonner une forme plus acceptable.
Après 12 heures d'un douloureux travail, et comme je me présentait mal, il avait du m'extraire au moyen de forceps qui m'avaient quelque peu étiré les os encore si malléables de la boite crânienne.
Lorsque mon père est arrivé, il a seulement dit « merde » parce qu'il espérait une fille. J'étais son troisième garçon, alors qu'il avait toujours rêvé d'une fille. Pour ma mère, dont j'étais le premier enfant, j'étais l'accomplissement de son vœu le plus cher.

13 septembre 2022
Rapatrié 8m3 de livres, disques, films, photos, peintures, dessins, cassettes et disquettes, archives, jouets et peluches. Toute une vie dans un cube de 2m de côté. Comme une Compression de César en rouge et blanc.

1891
Ma grand-mère maternelle Lucienne Étienne (1891-1924), seconde fille de Jean-Baptiste Étienne (1843-1900) et de Angélique Day (1847-1891), qui perdit sa mère à 6 mois et son père à 9 ans, fut élevée par sa sœur aînée Angèle Étienne (1872-1934).
Décédée en 1924 à l'âge de 33 ans, elle laissait une petite fille de 11 ans, ma mère, qui fut à son tour élevée par Angèle.

LES LIVRES

LE VERBE

6 juin 2018
Tu causes, tu causes...
Au commencement était le Verbe... (Évangile selon Saint Jean).
La langue est au départ une grille de lecture du monde. Avec ses tout premiers mots, le jeune enfant divise le monde en 2, puis en 4, etc. Le monde qui l'entoure s'en trouve ainsi progressivement, parcellisé, fragmenté, éclaté, enfermé dans de petites cases, dont certains, les poètes, les chercheurs, tentent de s'évader en lançant des passerelles, quand la plupart y restent enfermés. Au bout du compte, la pensée constructive n'a d'autre finalité que de recoller les morceaux, pour retrouver l'unité originelle, la rassembler en un seul mot (dieu, amour, etc).
Nommer cette unité, c'est dire qu'elle n'existe pas, c'est combler le silence des espaces infinis, qui tant effrayait l'inventeur de la brouette. Le langage est le second big bang qui l'a fait exploser. Reste à reconstituer des petits bouts du puzzle.
C'est ainsi que la phrase, en mettant les mots en relation, tend désespérément à retrouver l'unité du monde. Parfois elle s'en approche et fait naître ce sentiment de beauté,

qui nous apaise, parce qu'il nous réconcilie avec la plénitude du paradis perdu.

18 août 2018
Motus ! Les mots tuent... (ontologie de la colère)
On me dit qu'il faut mettre des mots. Des mots sur l'émotion. Certes. Les mots... J'ai un problème avec les mots. Au début, était le Verbe... Je suis un mécréant, c'est-à-dire un athée. Ce qui veut dire assez précisément que ces histoires de paradis et de barbu sur son nuage me paraissent être des contes pour enfant, sans doute utiles à leur éducation. Pourtant, je bute sur un mystère. Un mystère et une interrogation. Le mystère c'est le Verbe. Au début était le Verbe. Et c'est bien lui qui nous distingue des animaux, même si quelques uns d'entre eux disposent d'un peu de vocabulaire. Mais un vocabulaire monosémique. Nous, ce qui fait notre singularité, c'est cette capacité d'étendre le sens des mots, par la comparaison, à des idées abstraites, des concepts. C'est ce qui fait notre génie, notre inventivité, notre capacité de créer, de construire des maisons, des palais, des œuvres d'art, mais aussi des machines de guerre, des pesticides et des centrales nucléaires. Notre capacité de nuisance, donc. Et tout cela parce que nous disposons d'un vocabulaire polysémique. Le Verbe.

Une autre conséquence de cette polysémie, c'est que les gens ne se comprennent pas. Premier, deuxième, troisième degré ? Comment s'y retrouver ? Il a traité ma sœur ! Et on se fait la guerre. Mon texte sacré contre ton texte sacré. Le même texte sacré compris différemment. On se fait donc la guerre au nom des mots. Pour faire bonne mesure et qu'on soit bien certain que l'autre ne comprenne pas, on s'en va mitonner d'abord des variantes dialectales d'une vallée à l'autre, que sépare une montagne. Puis les dialectes se font langues et c'est Babel. Entre les individus, cela ne va pas mieux. Les mots tuent aussi sûrement qu'une balle, mais peut-être plus lentement, à petit feu, comme un ver qui vous ronge. Il a traité ma sœur...

Ça c'était le mystère. Et l'interrogation ? Cette interrogation, c'est le péché originel. La pomme. D'abord on nous a dit : la pomme, c'est le sexe. Pouah, vilain, caca. Normal, Ève était nue. Et comme des désirs lui grimpent le long des cuisses : le serpent ! Puis on a assuré : mais non, le péché c'est la connaissance et le pommier c'est l'arbre de science ! Ah bon. Pas facile de faire la transition entre le sexe et la science. Mettez-vous à la place de nos ancêtres. Moi je vais vous dire : le péché originel c'est le Verbe. Il ne nous pas été concédé par Dieu. On lui a piqué sans lui demander son avis. Et depuis, on ne sait pas comment se débarrasser de ce machin empoisonné, comme le sparadrap du Capitaine Haddock. Bon il y a bien la poésie, qui est un moindre mal. Mais ne vaudrait-il pas mieux retrouver le silence de nos frères animaux.

LES MOTS

26 avril 2017
La violence est toujours l'expression d'une incapacité à communiquer avec l'autre par le langage, le plus souvent en raison de la pauvreté du langage et de l'impossibilité où il se trouve, du fait de cette pauvreté, de nommer et ainsi appréhender la différence de l'autre. C'est pourquoi, il demeure primordial dans le processus d'éducation de doter les enfants des outils langagiers indispensables à leur vie en collectivité.

14 décembre 2017
Il est, me semble-t-il, des sujets beaucoup plus captivants que ceux que nous proposent une actualité ressassée ou les rodomontades de tel ou tel facebookien en mal de reconnaissance. Comme, par exemple, les trous noirs, l'antimatière, ou bien encore les suffixes de la langue française.

13 décembre 2017
Les rimes riches : dur, dur !
bavure, biffure, biture, blessure, bouffissure, boursouflure, brisure, brûlure, capture, courbature,

craquelure, crevure, déchirure, déconfiture, enflure, épluchure, exclure, facture, fissure, flétrissure, forfaiture, fourbure, fracture, fêlure, gerçure, gratture, griffure, hachure, imposture, injure, ligature, littérature, luxure, masure, meurtrissure, moisissure, morsure, ordure, parjure, pourriture, raclure, rature, rayure, rognure, roulure, salissure, souillure, torture, vomissure.
Dégueu...

13 décembre 2017
Les rimes riches : aïe, aïe, aïe !
Gastronomique : victuaille, cochonaille, mangeaille, volaille, caille, boustifaille, graille, poiscaille, ripaille ;
Érotique : gouaille, entaille, faille, baille, broussaille, canaille, cisaille, futaille, racaille ;
Guerrier : bataille, bleusaille, grenaille, mitraille, médaille, pagaille, muraille, piétaille, mouscaille, représaille, ferraille.
Dans tous les cas : entrailles...

13 décembre 2017
Les rimes riches : en ballade !
accolade, attrapade, aubade, baignade, ballade, bourrade, bousculade, boutade, bravade, cascade, cavalcade, citronnade, dérobade, embrassade, embuscade, escapade, escalade, estafilade, fanfaronnade, foucade, galopade,

galéjade, gambade, glissade, griffade, parade, incartade, marmelade, ménade, naïade, passade, pelade, pommade, promenade, pétarade, rade, rasade, rigolade, rodomontade, roucoulade, roulade, ruade, saccade, sérénade, tamponnade, tirade, toquade, torsade.
Où les plaisirs de la vie...

22 mars 2018
Sous les pavés, la plage.
Le mot grève vient du latin populaire *grava*, « sable, gravier », probablement d'origine gauloise.
Au XIIème siècle, l'extension de Paris sur la rive droite de la Seine avait donné naissance à une place appelée place de la Grève, parce que l'endroit était submergé de sable grossier.
Les chercheurs d'emploi prirent l'habitude de s'y retrouver pour discuter et trouver des opportunités d'embauche.
L'expression « faire grève » telle qu'on la connaît aujourd'hui n'est apparue qu'au XIX° siècle, avec le développement de l'industrie et l'émergence du mouvement ouvrier.

21 mai 2018
Les belles inclusives : Est-ce (ainsi que les hommes vivent ?)

archiduchesse, abbesse, princesse, déesse, bougresse, gonzesse,
forteresse, drôlesse, enchanteresse, sauvagesse, tigresse, diablesse, tigresse,
pécheresse, fesse, confesse,
allégresse, liesse, ivresse, paresse, faiblesse,
délicatesse, gentillesse, caresse, tendresse.

6 février 2019
A star is born
Si l'on analyse le mot « être », on le trouve formé à partir du radical trilitère STR (d'où est issu l'ancien mot *estre*), radical dont le champ d'emploi géographique est universel et qu'on retrouve aussi bien dans le mot français *astre*, le grec *astron*, le latin *astrum*, l'anglais *star*, l'allemand *stern*, l'assyrien *ishtar*, etc. Ce même radical constitue aussi la première partie du célèbre tétragramme kabbalistique *asataroth*. Selon Van de Kerkhove, les trois syllabes de l'Asatar n'ont pas de sens plus profond que de mettre en évidence la dialectique interne de l'Être.
(Raymond Abellio, *La Structure absolue, essai de phénoménologie génétique*)

14 février 2020
En ces temps de St Valentin, alors que tombent grives et griveaux sous les tirs cruels (15 jours avant la fermeture de la chasse...), il me parait opportun de mettre les choses au point, dans le seul but de rendre justice aux oiseaux de passage, tout particulièrement les Turdidés.

Comme l'écrit si justement Émile Littré dans *Pathologie verbale ou lésions de certains mots dans le cours de l'usage* (1880) :

« Un grivois, une grivoise, est une personne d'un caractère libre, entreprenant, alerte à toute chose ; mais bien déçu serait celui qui en chercherait directement l'étymologie. Le sens immédiatement précédent, qui d'ailleurs n'est plus aucunement usité, est celui de soldat en général ; le soldat se prêtant par son allure déterminée à fournir l'idée, le type de ce que nous entendons aujourd'hui par grivois. Est-ce tout ? pas encore, et la filière n'est point à son terme. Avant d'être un soldat en général, le grivois fut un soldat de certaines troupes étrangères. Encore un pas et nous touchons à l'origine de notre locution. Le grivois des troupes étrangères était ainsi nommé parce qu'il usait beaucoup d'une grivoise, sorte de tabatière propre à râper le tabac. Grivoise est l'altération d'un mot suisse *rabeisen*, râpe à tabac (proprement fer à râper). Quel long chemin nous avons fait ! et quelle bizarrerie, certainement originale et curieuse, a tiré d'une espèce de râpe un mot vif et alerte, qu'il n'est pas déplaisant de posséder ! »

29 juillet 2020
L'ancien canot de sauvetage a envoyé ses voiles.
Les voiles rouges traditionnelles étaient de couleur *tan*.
Le tan est une poudre fabriquée à partir de l'écorce de chêne qui contient des tanins. Il s'agit du constituant de base pour le traitement des cuirs mais aussi des voiles de marine. Pour les voiles de marine, le tan était mélangé à de l'ocre rouge pour améliorer la longévité des voiles.
Tan est un mot d'origine incertaine, probablement issu d'un gaulois *tann* (chêne vert), dont l'existence est supposée par le breton *tann* ou l'ancien irlandais *teine* ou *tinn*. De ce mot sont issus celui de son principe actif, le tanin, ainsi que les termes des métiers du cuir : tanner, tanneur, tannage, (un cuir) tanné, (un produit) tannant, tannerie.

13 décembre 2020
Autre sujet intéressant à creuser, toujours d'un point de vue sémiologique : Qu'est ce qui peut bien distinguer les verbes qui se conjuguent avec l'auxiliaire « être » de ceux qui se conjuguent avec l'auxiliaire « avoir » ?
Essayez, ça va vous détendre.

13 décembre 2020
Balance ton genre
À L'origine, *homo*, en latin, signifie « homme, être humain », au sens générique, tandis que *vir* désigne l'« homme » au sens de « mâle de l'espèce humaine », opposé à *femina*, « femme ».
Je préconise donc que l'on conserve *homme* pour désigner l'espèce et qu'on revienne à *vir* ou *verrat*, plus moderne, pour le seul mâle.
Pour les animaux, c'est plus simple, ils n'ont qu'une âme.

6 février 2021
Si je ne devais emporter qu'un seul livre pour m'enfuir sur une île déserte, ou plutôt sur une arche avec des animaux, je prendrais à coup sûr un dictionnaire étymologique. Lacan a bâclé le job !

22 mai 2021
Pour faire genre
Plutôt que d'écrire *homme.sse.s* ou bien *humain.e.s*, qui ne changeront rien à l'étymologie, évitant androgyne, qui mélange les choux et les carottes, pourquoi ne pas utiliser *anthrope*, qui vient du grec et ne soulève aucune ambiguïté. Et puis ça sonne bien, c'est sautillant. Les droits de l'anthrope, hop hop !

Bref

On me souffle dans l'oreillette que les grecs ont désormais aussi mauvaise presse que les romains, jusque dans nos universités. Faut que je trouve un truc pour les *humanités* !

LIRE

21 septembre 2014
Des textes chiffonnés
Je ne sais pas vous mais moi je ne parviens plus à lire des romans, vous savez ces histoires, petites histoires, la mienne, la vôtre, histoires inventées, cousues de fils blancs, sans queue ni tête, beaucoup de queue, peu de tête ; et la grande, pareille, avec ses gueules de canon béantes, toujours la même boucherie. D'ailleurs, depuis Saussure et les petits pois qu'il a semés, on sait bien que ça n'existe pas l'histoire. C'est un ogre qui bégaie, au mieux, mais souvent rote. Je vais vous dire : nos petites, la grande, ce ne sont que des trompe-l'œil, des lignes de fuite. L'histoire, la grande, les petites, c'est un fromage plein de trous, c'est un énorme chewing-gum, élastique, replié mille fois, comme l'espace, tiens ! L'univers chiffonné, cher au bon Luminet. Lumineux Luminet (Boris me l'a soufflé). Voilà, je ne voudrais plus lire de ces petites histoires qui m'endorment, mais de beaux textes chiffonnés, qui éclatent, qui explosent, vous en mettent pleins les yeux, les oreilles, le nez, la bouche et le reste (appelez-le comme vous voulez), où lorsqu'on sort d'une phrase par un verbe, on entre en même temps

dans une autre par un nom, parfois un adjectif, vous voyez. Relisez Luminet, astronome et poète. Normal, un astronome poète. Je crois que j'ai envie de ça. Des textes chiffonnés. Les lire, les éditer. Les écrire ? Éditer ou écrire. M'éditer ou t'écrire ? Mais je n'ai qu'une vie ! Quelle histoire...

15 décembre 2015
Un livre qui me plaît me séduit d'abord par son style. Mais qu'est-ce que le style ?
Que ce soit en littérature, en peinture, en musique, en architecture. Tout ce qui paraît distinguer l'homme de l'animal : la construction d'« objets », qui n'existent pas dans la nature, le feu prométhéen. Au premier rang desquels, le verbe, qui distingue doublement l'homme de l'animal. Il s'en distingue en soi, par son intention désespérée, babélienne de communiquer avec son semblable, mais surtout par sa capacité de construire : une pensée, une œuvre, pour déchiffrer le monde, voire le reconstruire.
Bien sûr nombre de ces constructions manquent singulièrement de style. La laideur est partout. Quand survient comme une évidence :
Lorsqu'on a l'impression :
– que chaque mot, chaque couleur, chaque note est à sa place exacte, comme chaque pierre d'un édifice parfait,

– qu'il n'en manque pas une, qu'il n'y en a pas une de trop
– que si l'on ôtait l'une ou ajoutait une autre, l'édifice s'écroulerait.

Et c'est ce qui donne sans doute ce sentiment de cohérence, d'équilibre, d'harmonie, qui fait la beauté première d'une œuvre.
Une beauté qui veut rivaliser avec celle de la nature, tentative prométhéenne de rivaliser avec Dieu, de lui voler le feu de la création.
Des bâtisses les plus rustiques, les plus austères – maisons de pécheur au toit de chaume tournant le dos à la mer pour se protéger du vent – au plus folles cathédrales baroques. C'est là que la singularité vient s'ajouter ou se substituer à la beauté.
Chaque bâtisse est différente. Dans les premières, il faut et il suffit que chaque pierre soit à sa place, contribuant par son seul emplacement à la solidité et à la cohérence de l'ensemble. Pour d'autres, plus symphoniques ou plus tonitruantes, chaque pierre renvoie à d'autres, de sorte qu'elles dialoguent, rebondissent l'une sur l'autre dans un concert étourdissant.

10 novembre 2016
Le paradoxe de l'art c'est l'universalité qui surgit de la singularité.

6 janvier 2017
Je n'aime pas les textes longs, sauf peut-être certains qui vous emportent, vous roulent et vous submergent comme une déferlante (Lautréamont, Audiberti, Saint-John Perse, Paz, Neruda et quelques autres). Je leur préfère les textes courts, ramassés, clos et lisses comme des œufs, qui parviennent à tout dire avec le plus petit nombre de mots. Mais pas n'importe quels mots : des mots si pleins de couleurs, de parfums, de saveurs, de musiques, de caresses, mais aussi de tendresse et d'idées, qu'ils renvoient à tous les autres, en abyme. On peut tout dire en quelques mots. Peut-être même en un seul, le Verbe originel. Mais ne me faites pas dire ce que je ne dis pas.

18 février 2017
Je ne lis que phrasouilles, logorrhées interminables, à la syntaxe improbable. Toute aigreur d'estomac nous inflige cent lignes d'un verbiage abscons. J'en retrouve le goût adolescent pour la citation brève : de celles qui disent tout en quelques mots. Il me reste si peu de temps à vivre. Faites court...
Il faut encore avoir du chaos en soi
pour pouvoir enfanter une étoile qui danse.
(Nietzsche)

14 mars 2017
Je ne suis plus en phase avec cette époque. Le grand âge, sans doute. Toutes ces introspections me navrent et m'ennuient. Tous ces gens qui creusent, comme ils creuseraient leur tombe, et qui ne trouveront rien, que le vide, l'abîme, où ils s'écraseront.
Parce qu'il n'y a pas de moi, il n'y a pas de Je. Rien à chercher, rien à trouver. Je me connais par cœur, depuis le temps que je me supporte. Papa, Maman, la bonne et moi. Ça me fait une belle jambe. Rien, vous dis-je.
Je ne suis que la somme de ce que j'ai fait, dit, écrit. Et encore, si tant est que quelqu'un l'ait reçu, perçu, même pas compris juste perçu. Sans quoi, tout ce que j'ai pu faire, dire, écrire n'existe même pas. Le Je n'existe que par son impact, sur la nature ou sur les autres. Un jardin, quelques êtres aimés, pour peu qu'on leur fasse du bien. Je est un autre. C'est comme cela que je l'entends.
Si bien que la grande affaire de la vie n'est peut-être pas de crier dans le désert, de pisser contre le vent. C'est peut-être de s'ouvrir, d'ouvrir sa vacuité au monde, à l'autre, quelques autres – il n'y a pas tant de place – non pas pour s'en nourrir, mais pour qu'il se passe quelque chose, enfin, de tenu, de fugitif, comme une onde, une lueur, qui rafraîchit ou qui éclaire, plutôt que le tonnerre qui foudroie.

5 mai 2020

Quand la réalité dépasse la fiction et qu'on n'a plus le temps, ni le courage d'ailleurs, de lire au coin du feu, un bon roman de 300 pages, parce qu'on ne parvient plus à rien imaginer, même une vie fictive, dans un monde qui n'existe plus. Quand le cerveau bug comme un vieil ordi, parce que le disque dur est saturé...

Il est encore possible de rallumer un court moment une flamme vacillante, d'éprouver furtivement quelques sensations oubliées, de retenir l'instant comme un oiseau blessé au creux des mains, avant de le libérer et de s'en retourner vaquer à sa vacuité. Avec des textes courts.

ÉCRIRE

Septembre 2003
Qu'importe, au fond, l'histoire. Tout ce qui compte pour moi, c'est d'aligner des mots, comme on tire l'aiguille, comme on travaille le bois. Je sais l'œuvre finale ; il me suffit, dès lors, d'en façonner les pièces, patiemment, puis de les agencer, comme fait un artisan. J'aime cette longue patience, j'en ai toujours rêvé.

7 septembre 2014 :
Je sais pas vous mais moi, pendant la demi-heure que je passe dans la salle de bain (un peu plus, quand je m'endors sous la douche), il me vient plein d'idées géniales, les seules de la journée, mais de quoi remplir une feuille A4 avec des phrases bien compactes, de quoi en cracher vingt facile en délayant. Parfois ce sont des poèmes, géniaux bien sûr, mais ça peut-être aussi tout un argumentaire serré très convainquant. Et ce qui est stressant, c'est que c'est très volatile, comme un récipient percé qu'on s'efforce de transporter. Si on l'écrit tout de suite, il en reste encore deux ou trois trucs pas aussi bien foutus, mais bon quelques beaux restes. Mais cinq minutes plus tard, il ne reste plus rien. Tout a disparu.

Tout le monde connaît ça. Quand j'étais ado, c'était plutôt la nuit entre deux phases de sommeil. Alors j'avais un petit carnet sur la table de nuit. C'est ca qu'il me faudrait, une sorte de carnet, mais étanche !
Vous me direz que vous n'en avez rien à branler et vous aurez raison.

6 janvier 2017
Écrire, c'est aussi compliqué que d'attraper un rêve. Il n'est pas plus facile de parvenir à choper, puis coincer dans sa mémoire vive, afin de les restituer intacts, les mots et les phrases qui nous viennent soudain comme des œufs pondus tout chauds, quand on va chercher le pain et qu'un vélo sans frein vous envoie valdinguer. Font chier les écolos. Mais c'est pas le sujet. Vais me bricoler un attrape-mots, sorte d'épuisette plantée dans la capuche.

27 octobre 2017
L'Attrape-cœur de Salinger. Le genre de bouquin, qui vous donne à 13 ans l'envie d'être écrivain plutôt que chef de gare et tout.

7 septembre 2018
Plus tard, j'ai reculé de plus en plus l'heure de la douche et ce fut en marchant que les mots me venaient, si bien

qu'il m'eut fallu acheter une capuche de caillera pour tenter de les retenir.

Aujourd'hui, toutes ces belles phrases se sont éparpillées, disloquées. Ne restent que des mots nus dont la polysémie m'effraie comme des poupées gigognes, une mise en abyme et qui dansent dans ma tête une ronde infernale. Me restent les mots des autres, quelques autres, qui me rassurent et me consolent.

5 avril 2020
C'est bizarre cette manie que j'ai de ne pas pouvoir écrire deux phrases sans mettre un « mais » entre les deux. Esprit de contradiction ? Goût immodéré pour la dialectique ? Ne me dites pas que je suis né sous le signe de la balance ! Je suis ascendant scorpion ! Non mais... Mais mais mais, Paris mais, mais mais mais, Paris...

22 avril 2020
Je ne sais pas jardiner
Je cultive les mots
Je ne sais pas cuisiner
Je me goinfre de mots
Je ne sais pas chanter
Je danse sur les mots
Je ne sais pas écrire
Je joue avec les mots

25 juin 2020

Affres

C'est tout de même chiant d'être obligé de publier de vieux posts, parce que je ne sais plus écrire. On me dit : « C'est comme le vélo, ça ne s'oublie pas ! » Pour sûr. Mais il faut d'abord que ça fuse, avant de s'endormir, en marchant dans la rue, ou encore sous la douche, comme un feu d'artifice ou un pétard mouillé, sans rien pour le noter, pour qu'une fois le vélo enfourché, les pieds sur les pédales, en équilibre instable, il suffise d'appuyer pour se lancer.

27 avril 2021

C'est tout de même très chiant que les phrases ne vous viennent qu'au moment où vous tentez de vous endormir. Je ne sais pas si je m'en souviendrai.

25 mai 2021

Comme le disait mon professeur Jean Gagnepain, éminent linguiste et anthropologue, en des termes plus savants : il n'y a pas de malentendus mais des *mal-exprimés*.

ÉDITER

Octobre 2013
Embarquer sur Le bateau ivre, c'est à coup sûr, d'une allure hésitante et sinueuse, tenter de rejoindre l'horizon pour voir ce qu'il y a derrière cette ligne qu'on dit imaginaire. Sans doute parce qu'elle se dérobe au voyageur et s'enfuit aussitôt qu'il s'approche. On ne sait jamais vraiment là où elle est. Parfois même il arrive qu'elle se laisse surprendre, au point qu'on la franchisse, sans même s'en rendre compte.

17 septembre 2014
Le bateau ivre est de retour.
Certains l'ont aperçu au large des Embiez.
Il cinglait tout dessus, retour d'un long périple.
On l'avait dit perdu,
échoué sur un banc de sable,
siphonné aux Bermudes,
planté sur la barrière de corail.
Il a fait trois fois le tour du monde,
se tenant au plus sud,
pour tenter d'échapper à la folie des hommes.
Mais il rapporte au fond de ses cales

des trésors ramassés au creux de ses filets,
des mots dorés comme des étoiles de mer,
aux senteurs âcre d'algue,
au goût moelleux comme des coraux,
des mots de vent qui rugissent et qui hurlent,
des mots de vagues qui caressent en déferlant.

2 février 2015
Le Bateau ivre aime les mots. Le Bateau ivre aime les textes. Le Bateau ivre aime la langue. Plutôt que les histoires, toujours les mêmes, lassantes.
Le Bateau ivre aime les écrivains qui jouent avec les mots, les pétrissent, les roulent sur la cuisse, pour les faire éclater en mille rebonds de vie, comme des boules puantes ou des ciels de mer, comme des friandises ou des rythmes jazzy, comme de longs frissons qui granulent la peau.
Le Bateau ivre aime la poésie.
Le Bateau ivre aime Audiberti.

24 juin 2015
La Déroute
S'agissant de notre ligne éditoriale – question souvent posée – nous répondons souvent laconiquement : les livres que nous aimons.

Pour être plus précis, nous reprendrons volontiers à notre compte la formule utilisée par Michel Gros Dumaine, psychanalyste et écrivain, qui, dans une fine analyse du livre récemment paru de Cécile Delalandre, écrit :
« Faire le pari de la langue et de la déroute qu'elle porte en elle, comme le projet même, perpétuel de la littérature. »
Bien sûr, cette déroute, il ne faut pas l'entendre au sens de la débâcle d'un armée vaincue, ou du naufrage d'un navire échoué sur un récif, encore qu'il peut y avoir des débâcles et des naufrages magnifiques, pourvu qu'ils soient portés par un texte qui les fassent chanter et nous enchantent ainsi,
mais plutôt dans le sens d'un déroutement volontaire, comme on emprunte un chemin de traverse ou bien que l'on contourne un arbre qui vient de s'abattre et qui paraît inenjambable.
Ce peut être aussi un déroutement involontaire, comme on est dérouté, perdu, qu'on cherche son chemin.
Ce qui déroute, dérange. Et nous aimons les textes qui nous déroutent parce qu'ils nous dérangent. Avec cette idée que peut-être, ils dérouteront, dérangerons quelques lecteurs pour leur plus grand bien.
Nous voulons être cet éditeur déroutant.

14 décembre 2015
Ligne éditoriale
On me pose souvent cette question récurrente : « Quelle est votre ligne éditoriale ? » Elle émane souvent de journalistes, le plus souvent d'auteurs, inquiets de s'inscrire dans le bon moule ; aujourd'hui même de mes amis du comité de lecture.
Toujours je suis tenté de dire qu'il n'y en a pas, que ce n'est juste qu'un phantasme, principalement né et consolidé chez les auteurs, après qu'ils ont reçu de nombreuses lettres de refus au motif semblable : « Votre ouvrage ne correspond pas à notre ligne éditoriale. » ; lettre-type, formule passe-partout, qui évite d'avoir à donner des explications détaillées, voire expéditives, au demeurant difficiles à élaborer et dévoreuses de temps.
Alors je réponds souvent, en pirouette : « les livres qui me plaisent », ce qui n'est pas faux. J'ajouterai volontiers : dans les catégories qui me plaisent (époque, genre), ce qui ne simplifie pas les choses, tant il est vrai qu'il ne saurait y avoir de critères qui vaillent pour l'ensemble de ces catégories.
Au tout début, avant même de publier le premier livre, alors que je venais de terminer, non sans mal, l'élaboration de notre site internet, j'avais écrit ce texte, qui figure toujours à la rubrique accueil :

« Embarquer sur Le bateau ivre, c'est à coup sûr, d'une allure hésitante et sinueuse, tenter de rejoindre l'horizon pour voir ce qu'il y a derrière cette ligne qu'on dit imaginaire. Sans doute parce qu'elle se dérobe au voyageur et s'enfuit aussitôt qu'il s'approche. On ne sait jamais vraiment là où elle est. Parfois même il arrive qu'elle se laisse surprendre, au point qu'on la franchisse, sans même s'en rendre compte. »
On y trouve déjà tous les mots importants : ligne, d'abord (c'est bien notre sujet) mais ligne imaginaire et sinueuse aussi. Ligne, qui tend à atteindre une autre ligne lointaine, celle-ci horizontale. Ligne qu'on franchit enfin, sans même sans rendre compte. Tout y est.

18 janvier 2016
Il fut un temps, notoirement aux XVIe et XVIIe siècles, voire encore au XVIIIe, où les arts s'accommodaient fort bien de l'influence qu'une œuvre même mineure pouvait exercer sur un auteur ou un artiste. Et il a fallu attendre le XIXe siècle pour que s'exacerbe le moi et que s'érigent les barrières autour du droit d'auteur. Bien sûr, il y a des exceptions, des artistes ou auteurs surgis de nulle part qui ne ressemblent à personne. J'en édite certains. Mais, le plus souvent s'exerce une influence. Comme une longue chaîne de l'art. Quel mal à cela ? Seul importe en fin de compte le vrai plaisir qu'il y a d'écrire ou de créer, plaisir

multiplié s'il se trouve partagé. Prendre plaisir et faire plaisir. Prendre et donner. Tout est là. Dans la vie comme en art. Sans doute vaut-il mieux vivre. Mais c'est plus compliqué.

20 janvier 2016
Un mois chez les filles, de Maryse Choisy
Voilà un livre, que j'aurais aimé publier, étonnant à plus d'un titre, par sa démarche et par son style. Première femme journaliste à enquêter par immersion, Maryse Choisy ne se contente pas de décrire avec brio les bas-fonds de la société d'entre les deux guerres : elle s'affirme comme un écrivain majeur, dans un texte éblouissant de modernité.

19 décembre 2016
L'édition d'un livre c'est avant tout une rencontre, la rencontre d'un regard autre, qui soudain perce à travers la déchirure du miroir brisé.

19 décembre 2016
Dans son regard aux lèvres rouges, d'Yves Charnet
En fin de compte, c'est l'éternelle complainte du mari qui voudrait être l'amant, de l'amant qui voudrait être le mari, tous deux également cloués sur la carte du continent noir par le mystère de cette femme double, mère plus

qu'épouse et maîtresse à ses heures. Qui protège son nids et trépigne au voyou.

31 janvier 2017
L'économie du livre et les chacals
Dans ce monde crépusculaire, qui nous mène à l'abîme, où les repères s'effacent les uns après les autres, où chacun n'est plus reconnu par les autres pour ce qu'il fait, pour le service qu'il rend à la collectivité, pour son « métier », les hommes sont entrés en déshérence, à la recherche désespérée d'une reconnaissance. Ainsi est fait l'animal humain.
Après avoir épuisé les ressources naturelles (matières premières) et humaines (la force de travail), le capitalisme devenu financier fait son miel de cette richesse « virtuelle » et lui tend comme exutoire FB et les réseaux sociaux, où il la piège, pour faire commerce de l'intime, proposé sur l'étal à tous les chalands.
Dans la sphère supposée « littéraire », où les écrivains autoproclamés sont désormais plus nombreux que les lecteurs, il est devenu de bon ton de vilipender les éditeurs, petits et gros confondus, en les soupçonnant des pires turpitudes. Comme si on allait reprocher au cordonnier du coin les malversations des multinationales et l'impuissance des politiques à reprendre la main sur l'économie de marché.

Un petit éditeur ne gagne pas d'argent. Il s'efforce au mieux de ne pas trop en perdre. Fondant ses choix sur son seul goût, non sur le marketing, il n'a aucune visibilité sur les ventes prévisibles des ouvrages qu'il publie. Il ne dispose d'aucun moyen de diffusion (publicité) et de lobbying (presse) et ne peux s'appuyer que sur sa réputation et celle de son auteur, toutes deux en devenir et vulnérables.

Cette réputation entretient des rapports complexe avec la notoriété artificielle et illusoire, qui s'affiche sur les réseaux sociaux, où peu nombreux sont les moutons, qui achètent les livres. Au café du commerce du village planétaire, les grandes gueules sont, comme toujours, les seuls à payer la tournée. Seule la réputation vraie, fruit d'un travail sur le fond, patient et continu, permet d'obtenir parfois des articles de presse dans les grands médias nationaux, qui seuls permettent de vendre un livre un peu mieux que les autres.

Alors le livre il faut bien l'imprimer, sans savoir combien on va en vendre. Ce qui suppose un stock et une avance de trésorerie, trop souvent puisée dans les fonds personnels, quand ils existent. J'ai dû en 2016 faire face à un changement de politique brutal de mon distributeur, auquel j'ai du me soumettre, mais qui a asséché la trésorerie de ma petite « entreprise ». Jusqu'alors, il m'achetait un petit stock-tampon, correspondant à deux mois de vente. Désormais, il s'aligne sur la pratique au demeurant courante, qui consiste à ne payer les livres qu'après qu'ils aient été vendus. Ce qui n'a rien de choquant en soi. Sauf que cela m'a obligé à « racheter » le stock des livres non encore vendus. Je m'en suis trouvé étranglé financièrement et j'ai du faire un choix : tout arrêter, comme j'ai été tenté de le faire, ou continuer sur d'autres bases. J'ai choisi de continuer, en recourant à l'impression à la demande, en dépit de sa mauvaise réputation, que peut expliquer l'exploitation des auteurs auto-publiés par certaines entreprises peu scrupuleuses. C'est méconnaître que la plupart des grandes maisons d'édition y ont recours depuis longtemps, appliquant au domaine de l'édition la pratique du flux tendu, généralisée depuis longtemps dans le monde industriel. C'est une expérience, qui se révèle avoir ses avantages et ses inconvénients. J'en tirerai la leçon en temps utile et verrai si je reviens ou non au dispositif traditionnel.

Je remercie chaleureusement les auteurs qui me font confiance, en toute connaissance de cause, et parfois même en témoignent publiquement. Je remercie tout particulièrement le plus grand d'entre eux, Jacques Perry, qui nous a quitté il y a peu, et avec lequel j'ai eu le grand honneur et le plaisir de travailler dans la plus parfaite amitié et le respect réciproque.

Être un petit éditeur ne demande aucun moyen. Juste du sang, des larmes et du temps, beaucoup de temps, sans autre contrepartie que de servir aux autres. Un métier ? J'invite les donneurs de leçon à secouer leur oisiveté et à nous montrer de quoi ils sont capables.

1er avril 2017
Humeur
Les auteurs me font chier. Pas les morts, avec qui j'entretiens un commerce agréable. Il se trémoussent d'aise au fond de leur trou, quand je les réédite. Mais les vivants, mon Dieu (auquel je ne crois pas) ! Pas tous, évidemment. Pas les plus aguerris, bien sûr, ou les plus sages, qui font montre de la saine modestie de l'artisan, jamais satisfait de son ouvrage.
Mais combien d'autres ne cessent de gémir et de se plaindre des méchants éditeurs, tous mis dans le même sac, comme s'il fallait confondre charron et Toyota. Et les plus assommants sont bien ceux que j'ai choisi d'éditer, mais qui me font un caca nerveux, parce que j'ai différé leur publication de quelques mois, voire d'une année ou deux.
Le dernier en date, célèbre polémiste, blogueur très suivi pour la méchanceté de ses diatribes, mais dont les analyses littéraires sont souvent intéressantes, même si elle gagneraient à être élaguées de propos venimeux bien

inutiles, alors que je l'invitais à me recontacter, préfère manifester son dépit de ne pas me voir le supplier et lui dérouler le tapis, en m'envoyant promener de manière cavalière. Soit. Je suis d'une génération où l'on calmait les enfants gâtés un peu trop énervés d'une douche froide. Je précise que j'édite des textes qui m'enthousiasment, mais d'autres aussi, qui ne correspondent pas nécessairement à mon goût personnel, ni à ma tradition de pensée, mais dont je considère, à tort ou à raison, qu'ils méritent d'être édités. C'est l'idée que je me fais de mon job. J'invite à lire en entier la préface de Gaëlle Bohé à l'édition 2016 du prix Hors Concours, qui explique fort bien ce qu'est la petite édition indépendante.

7 avril 2017
Éditer un livre c'est faire qu'il existe. Il a au moins un lecteur. Devant un texte, il n'y a que deux gestes possibles : l'éditer et l'acheter. C'est pourquoi l'auto-publication relève de la masturbation.

25 février 2018
Lettre à un jeune pouet.
Je ne vais pas te faire du Kipling ou du Rilke. Juste te dire ce que je crois et qui n'engage que moi. L'auteur d'un livre n'existe pas, seul importe le texte. Et même pas ce que dit le texte, mais ce qu'il trace.

17 avril 2018
Bientôt il y aura plus d'écrivains que de lecteurs. C'est pourquoi je propose que l'on adapte les prix littéraires, de façon à récompenser dorénavant les meilleurs lecteurs, ceux qui auront eu le courage de plonger dans ce fatras pour y dénicher quelque perle à usage unique.

21 mai 2018
Avisss aux manuscripteurs : mes écrivains préférés sont Boris Vian et Cécile Delalandre. Alors il va vous falloir bosser encore un peu.

23 mai 2018
En défense et illustration de *Nénesse*, à paraître aux éditions Le Bateau ivre.
Je ne parviens pas à me souvenir comment ce livre oublié, qui n'a connu aucun succès, m'est un jour tombé entre les mains. Le titre sans doute m'a intrigué. Il est sûr, en revanche, qu'après l'avoir lu, j'ai toujours su que je le publierai un jour. Ce qui va être fait. Il n'aura bien évidemment, lors de sa parution, comme d'autres très grands livres, que j'ai eu le plaisir de publier et qui n'intéressent personne, aucun succès, ce qui n'a aucune espèce d'importance.
Je n'ai pas de goût particulier pour l'argot. Mais c'est une langue honorable, c'est la langue du peuple, qui entend

s'affranchir de celle de l'oppresseur. Elle est riche, inventive, foisonnante et bien sûr fondamentalement poétique.

À la lecture de ce livre, le rare lecteur tombera sous le charme et prendra le même plaisir étonné qu'avec un texte de Chrétien de Troyes. Avec ou sans dictionnaire. De préférence sans. Tant il lui sera excitant de deviner, de déchiffrer à coup de machette cette forêt nouvelle et touffue.

Sans doute la langue compte-t-elle infiniment plus que l'anecdote qu'elle rapporte. Pourtant, il sera peut-être sensible à cette histoire touchante d'un ouvrier amoureux, qui a commis l'irréparable en surinant celle qu'il aimait, le sait, mais ne parvient pas à comprendre que lui soient refusées par le procureur les circonstances dites atténuantes qu'on accordait ordinairement aux bourgeois de l'époque.

5 février 2020
Humeur
J'en ai un peu marre de lire des conneries sur les méchants éditeurs et les pauvres auteurs. Nous parlerons une autre fois des gentils libraires.

Règle n° 1 : Il y a autant de rapport entre un petit éditeur et un grand qu'entre un artisan-maçon (bon ou mauvais) et un promoteur (véreux ou pas).

Règle n° 2 : Un grand éditeur ne vend plus de bons livres comme autrefois mais des produits supposés rémunérateurs pour la seule satisfaction de ses actionnaires. Le monde a changé.

Règle n° 3 : Les auteurs autoproclamés qui tendent à se multiplier sur les réseaux sociaux, avec les encouragements de quelques likes bêlants, et qui seront bientôt plus nombreux que les lecteurs, se font plumer par un grand nombre de pseudo-éditeurs, qui exploitent leur naïveté autocentrée.

Règle n° 3 : Quelques petits éditeurs publient ce qu'ils pensent être très subjectivement de bons livres, en perdant pas mal d'argent, mais en rémunérant le plus correctement possible leurs auteurs.

Règle n°4 : Un bon auteur vend chez un petit éditeur au mieux 100 à 200 livres, voire 500 s'il est récompensé par un petit prix littéraire. Il n'en vendrait pas d'avantage chez un gros. Mais bien sûr satisferait d'avantage son ego, à en pisser dans sa culotte.

Règle n°5 : Un auteur ne peut vivre de son activité. Moins d'une dizaine en France y parviennent. Un petit éditeur pas d'avantage.

Règle n°6 : Il demeure important d'être édité par un autre, premier lecteur, premier regard parfois critique, même si :

Règle n° 7 : Plus personne n'achète de livre. Trop fauché (ce qui est vrai). Mais pas au point de se passer de clopes, d'une biture ou d'un resto bon marché.
Règle n° 8 : Reste à se contenter de ce qu'on lit sur les réseaux sociaux et à s'extasier pour pas cher.
Règle n° 9 : Le seul acte tangible mais coûteux (mais pas tant) devant un texte demeure de l'éditer et de l'acheter.
Règle N° 10 : Tous les autres livres, d'actualité, de recettes, de bien-être se vendent bien.

23 février 2020
Le Bateau ivre ne serait pas ce qu'il est devenu sans ma rencontre avec Jacques Perry. Je n'avais encore publié que deux livres du domaine public, lorsqu'il ma fait confiance de son air goguenard. Et puis il y a eu Cécile. Et tant d'autres. Sans les coups de pied d'icelle, j'aurais abandonné mille fois. Les fesses m'en brûlent encore. Alors je continue. Pour eux deux. Qui me surveillent, en se fendant la poire.

28 février 2020
C'est tout de même un monde (comme disait ma grand-mère) que je ne parvienne pas à intéresser les gens (je ne parle même pas de vendre) aux meilleurs des livres que je publie, même ceux qui ont fait l'objet d'articles élogieux dans la presse nationale. Qu'est-ce que je peux

faire de plus que le clown sur facebook ? Le peu de gens qui lisaient un peu ne lisent plus du tout, accaparés jadis par la tv, aujourd'hui par les réseaux sociaux. Je ne peux pas mettre tous les jours des photos de chats trop mignons. Peut-être des sextape ? Vendre mon corps (à la science) ? Je cherche un stage de com, qui accepte les chats...

10 septembre 2020
Chaque année, à la même époque, quasiment depuis le début, je me pose la même question : Est-ce que je rempile ? En un temps où plus rien n'a de sens, où les clercs ont déserté en rase campagne depuis belles lurettes, je me la pose plus que jamais.
Mais je ne sais pas rester en place. Et la méditation, ce n'est pas vraiment mon truc. Faut que je bouge. Pour me prouver que je suis vivant. Et par respect pour ceux qui ne le sont plus.
Alors, c'est reparti. On va y aller. Encore une fois. Sans doute, la dernière.
LE BATEAU IVRE, SAISON 8, C'EST MAINTENANT
(Pas encore sur Netflix, mais ça ne saurait tarder !)

28 octobre 2020
Sur le point d'envoyer à l'imprimeur le prochain livre à paraître, un livre singulier, qui ne ressemble à aucun

autre, comme je les aime. Un livre qui colle aux semelles et tient au corps. Un livre qui charrie, comme charrie la rivière.

Hier encore, je déjeunais de saucisses-frites au Café du Port, ultime signe de connivence avec Lionel-Édouard Martin, avant le saut final. Quand le ciel bas et lourd (s'est refermé) comme un couvercle.

Cela fait la deuxième fois que je lance un nouveau livre en période de confinement. Comme un geste gratuit, absurde. La première fois déjà, Les SP se sont perdus en route... Et les lecteurs possibles avaient la tête ailleurs.

Et puis, comme chaque fois, je me réjouissais à l'idée de souffler un peu, sortir, me promener, voir des gens. Ce sera pour plus tard.

Le bon côté de la chose c'est que je vais avoir le temps de faire un peu de ménage !

18 novembre 2020
Bien dormi. Trop dormi. Levé tard. Je ne vis plus qu'en rêve. Je bosse le matin. L'après-midi je glande. Promenade dérogatoire. Je croise deux ou trois fantômes, certains masqués et d'autres pas. Pour ce matin, c'est un peu râpé, il est déjà 11h. Mais ce n'est pas grave, pour quelques jours encore, je suis entre deux livres, celui qui est bouclé et celui qui va suivre. Faut vous dire que j'édite des livres, je ne sais pas trop pourquoi. Mais j'aime

bien. Ça m'occupe la tête. Comme un artisan, tout seul dans son atelier. Avec pour seul outil un vieil ordi d'occase, qui tourne sous ubuntu, à l'ancienne. L'ennui c'est que ces livres, il faut bien les vendre. C'est là où ça se complique. Dans ce petit monde littéraire, comme plus généralement dans le monde d'aujourd'hui, faut se faire des copains pour se renvoyer l'ascenseur. Et moi c'est pas mon truc. L'idéal, ce serait qu'il y ait entre les auteurs comme un esprit d'équipe, mais ça ne marche pas. Ce ne sont pas des joueurs de foot, plutôt des athlètes de haut niveau, chacun pour sa pomme. Alors certains ont des amis et d'autres pas. C'est comme ça que ça marche. Et les articles de presse n'y changent pas grand-chose. Tout ça pour dire, que chaque année, depuis le début, je m'en sors à peu près, je ne perds pas trop d'argent, même l'année dernière, qui fut une année particulièrement difficile. Mais là, cette année, pour moi comme pour tant d'autres, ça se présente vraiment mal. Je vais essayer de tenir, parce que j'aime honorer mes engagements et que je ne sais pas trop quoi faire d'autre. Bizarre cette expression ancienne : mettre la clef sous la porte.

22 janvier 2021

Lorsque des pans entiers de notre société s'effondrent, singulièrement dans les domaines de la culture et de la convivialité, précipitant tant de gens dans l'angoisse, la précarité et la misère, je suis un peu gêné d'évoquer le secteur de la petite édition, lui aussi touché de plein fouet par la crise, mais sans les conséquences dramatiques qui sont à redouter partout ailleurs.

Le plus souvent, nous exerçons cette curieuse activité sans aucun but lucratif, parce que nous avons la chance de disposer d'un revenu qui nous permet de vivre, généralement une retraite. Néanmoins, il faut équilibrer les comptes. En ce qui nous concerne, nous avons vendu moitié moins de livres que les moins bonnes années.

On comprend aisément la désaffection de lecteurs, qui avaient toutes raisons d'avoir la tête ailleurs. Pour ne rien arranger, les contraintes sanitaires ont entraîné un doublement des délais cumulés d'impression et d'expédition, qui a semé la perturbation dans les systèmes informatiques des grosses librairies, jusqu'au point d'annuler des commandes, voire d'afficher comme indisponible un livre qui vient de sortir. Je n'évoquerai même pas les nombreux exemplaires destinés à la presse et qui se sont perdus dans la nature.

Tout ça pour dire que nous avons publié en 2020 six excellents livres dont certains ont été salués par les meilleurs critiques. Nous les évoquerons à nouveau dans les jours qui viennent. Ils peuvent être commandés dans toutes les librairies qui les recevront dans un délais de l'ordre de 15 jours, ainsi que sur notre site, avec les mêmes délais. On évitera pour le moment les grosses librairies en ligne, où c'est devenu le grand n'importe quoi : délais absurdes, « disponible chez l'éditeur » quand ce n'est pas « indisponible ». À fuir, en attendant des jours meilleurs...

28 février 2021
Avec des délais de livraison qui ont triplé, ce n'est pas prêt de s'arranger. Il doit se passer un truc, mais quoi ?

1er mai 2021
Ah ! Qu'il est doux de ne rien faire,
Quand tout s'agite autour de nous.
(Michel Carré)
Je travaille depuis toujours à flux tendu, avec cette « agilité » dont nous bassinent les chantres d'une supposée modernité. Mais pour une fois, j'ai pris un peu d'avance. Sans doute parce que n'avais pas grand chose d'autre à faire. Si bien que tous les livres à paraître d'ici la fin de l'année sont dans la boite ou quasiment pour le dernier.

D'ordinaire, je redoute ces plages de décompression. Et là, curieusement, pour une fois, cette vacuité m'est douce en ce qu'elle m'ouvre tout le champ des possibles. Agréable quiétude, quand s'annonce par ailleurs l'imminente ouverture des écluses à nos vies abîmées.

8 mai 2021
En vérité, je vous le dis, je n'aime rien tant que faire des livres, comme le sabotier fait des sabots. Alors vous allez me dire, en secouant vos jupes d'un geste altier : « Mais mon pauvre ami, plus personne ne porte de sabots ! » Moi j'aime bien les feuilles que me rapporte Yahto…

LE CHATEAU

LE CHATEAU

4 octobre 2006
La politique et le rêve
On nous l'a souvent dit : la politique doit faire rêver. Et curieusement le rêve s'appuie sur la doctrine, au risque de tourner au cauchemar.

Je m'explique : la doctrine s'oppose à la gestion et c'est en cela qu'elle fait rêver, parce qu'elle promet un monde meilleur, individuel ou collectif.

Durant les vingt premières années de la Ve république, avant que l'élection de Mitterrand n'impose l'alternance, forte de ce qu'elle croyait être sa légitimité, la droite s'est contenté de gérer les affaires publiques, laissant l'opposition de gauche se nourrir du seul rêve d'un monde meilleur.

Depuis lors, après que la gauche au pouvoir ait montré qu'elle était capable de gérer le pays, même si elle avait, au passage, quelque peu oublié sa volonté de « changer la vie », la droite, pour marquer sa différence et se référant aux modèles thatchérien et reaganien, s'est plu à afficher des postures de plus en plus doctrinaires, dans le but afficher de libérer le rêve américain, ce rêve individuel, égoïste qui hante la planète : si tu veux t'arracher à la

misère de ce monde, travaille et enrichit-toi. Évidemment, la tâche lui a été largement facilitée par l'écroulement du rêve collectif en URSS et ailleurs.
Aujourd'hui, face à une droite plus doctrinaire et arrogante que jamais, porteuse de ce rêve empoisonné, ce n'est pas une gauche gestionnaire, celle de Jospin ou Strauss-Kahn, dont nous avons besoin. Les Français l'ont déjà rejetée, à juste titre, en 2002. Ce n'est pas non plus une gauche doctrinaire accrochée à ses dogmes et curieusement portée par d'autres gestionnaires plus habitués des cercles financiers que des masses populaires. Non ce qu'il nous faut c'est une gauche décomplexée, créative, pragmatique et participative, surgie de la France profonde, de son peuple et de ses provinces, et porteuse d'un nouveau rêve collectif de fraternité.
Rêve contre rêve.

27 janvier 2007
En réponse au « bouclier fiscal » de Sarkozy.
Le seuil de pauvreté est calculé en France, comme en Europe, par rapport au salaire médian du pays concerné. 60%. Pourquoi 60% et pas 58 ou 62 ? Nul ne sait. Mais ce n'est pas le plus important. Ce qui n'a, dès le départ, véritablement aucun sens c'est de définir ce seuil par rapport aux ressources (les revenus), alors qu'il devrait

mesurer tout au contraire la seule satisfaction des besoins élémentaires (les dépenses).

Ces besoins quels sont-ils : le logement d'abord, puis l'alimentation, l'eau et l'énergie, pour se chauffer. Puis vient le transport pour se rendre sur son lieu de travail et faire ses courses, dans la majorité des cas au moyen d'un véhicule individuel, parce qu'il n'y a pas d'autre solution. A mon sens, il faudrait ajouter, même s'il s'agit de services publics apparemment gratuits ou largement pris en charge parce que financés par la collectivité, c'est-à-dire l'impôt (et tout le monde paie la TVA) : l'enseignement, la santé et la sécurité publique, mais aussi la réalisation et l'entretien des infrastructures pour s'en tenir à l'essentiel. Je citerai pour terminer le droit à la retraite après une vie de travail, qui n'est pas un besoin à satisfaire dans l'instant, mais une sorte de besoin à venir, qu'il faut pourtant financer dans l'instant quel que soit le dispositif utilisé (cotisation ou épargne).

Et c'est bien la satisfaction de l'ensemble de ces besoins élémentaires, vitaux, et quelque soit leur mode de financement (par les revenus de l'intéressé ou par la collectivité), qui devrait constituer le véritable seuil de pauvreté. En dessous, tous ces besoins ne peuvent être satisfaits. Au dessus, ils peuvent l'être avec bien d'autres, mais qui ne sont pas indispensables.

Après quoi, on pourra bien disserter à l'infini sur les deux grands modèles de financement de ces besoins :
– petits salaires et beaucoup d'aides (quasi gratuité de certains services en raison d'une large exemption fiscale et autres prestations à coût réduit, voire complément de salaire versé par la collectivité), ce qui est un peu notre modèle,
– salaires plus élevés sans aide (paiement à prix coûtant de l'ensemble des services, ce qui correspond d'avantage au modèle anglo-saxon,il n'en demeurera pas moins indispensable de financer d'une manière ou d'une autre la totalité de ces besoins vitaux par ce que j'appellerai « LE BOUCLIER VITAL », qui devrait faire l'objet d'une NOUVELLE DÉCLARATION UNIVERSELLE DES DROITS DE L'HOMME ET DU CITOYEN.
C'est ce vers quoi nous devons tendre en France. C'est le bel objectif qu'il nous faut proposer aux autres peuples. Ceux d'Europe d'abord pour commencer. Et puis à tous les peuples du monde, qui n'ont pas moins le droit que nous de voir satisfaits leurs besoins les plus élémentaires.

N.B. : Depuis, j'ai découvert que la Déclaration universelle des droits de l'homme de 1948 le prévoit explicitement dans son article 25 :
« Toute personne a droit à un niveau de vie suffisant pour assurer sa santé, son bien-être et ceux de sa famille,

notamment pour l'alimentation, l'habillement, le logement, les soins médicaux ainsi que pour les services sociaux nécessaires; elle a droit à la sécurité en cas de chômage, de maladie, d'invalidité, de veuvage, de vieillesse ou dans les autres cas de perte de ses moyens de subsistance par suite de circonstances indépendantes de sa volonté. »

11 décembre 2015
Les réseaux sociaux
L'oligarchie qui nous gouverne (bien plus que ces gouvernements fantoches, qu'elle a dépossédé de tous pouvoirs et qui ne sont plus là que pour assurer le « spectacle »), et qui représente en pourcentage, à l'échelle de la planète, à peu près ce qu'était l'aristocratie d'ancien régime depuis le moyen âge, a trouvé pour nous asservir et contenir toute tentative de rébellion, une drogue bien plus dure et bien plus efficace que la religion. À cet égard les fondamentaliste musulmans sont les derniers des mohicans à croire au paradis, pour supporter une vie de merde. Avec toutefois cette intelligence d'abréger le délai, qui peut s'avérer pesant.
Analysant avec finesse les raisons de l'échec de la seule contradiction historique qu'elle ait du affronter – le communisme – la dite oligarchie a trouvé avec les réseau sociaux, singulièrement FB, un formidable outil pour

donner l'illusion de satisfaire chacun dans son besoin désespéré de reconnaissance, à défaut d'amour, de la part des autres, de combler cette béance, qui doit trouver son origine, si on ne veut pas trop s'emmerder, dans le sevrage du sein maternel.

Quand les chats se contentent de vous pétrir le ventre, en souvenir de leur mère, les humains, forts du verbe, qui fait leur différence, ou leur malédiction, font assaut pathétique de jeux de mot foireux ou lascifs, pour s'attirer la bienveillance de leurs congénères. Ce qui les occupe bien, les rassure et leur évite d'élaborer la moindre pensée un tant soit peu constructive, les réduisant ainsi à l'état de nouveaux serfs d'une féodalité qui renaît de ses cendres plus forte que jamais.

25 février 2016
Polimus (nous pouvons)
Une parenthèse entre deux phases de taf. Je ferais mieux de tailler mes hortensias. Mais j'ai envie de parler de politique. Ça faisait longtemps, mais ça me démange.

Je ne sais ce qu'il reste de la « gauche » en France. Je veux dire : de ceux qui croient encore qu'on peut changer les choses, qu'il ne faut pas renoncer. Bien peu de gens sans doute, même s'ils hurlent dans le vide d'une société devenue sourde et ne décolèrent pas qu'on les ait une fois de plus bernés.

Alors plutôt que de ressasser une fois de plus toujours le même diagnostique, qui a été fait mainte et mainte fois, sur les méfaits du néo-libéralisme, je les invite à réfléchir plutôt aux solutions possibles, dans le carcan inévitable de l'élection à venir.

Que faire ? Comme disait Lénine. Comment le faire ? Avec quelle stratégie, quelle tactique et selon quel planning ? Et puis avec qui ? Puisque aussi bien la constitution nous oblige à choisir un homme ou une femme ? Qui aura la capacité de nous faire croire qu'il va faire ce qu'il dit, quand tant d'autres avant lui ou elle nous ont trompé ? Qui aura la force de caractère, le sang froid de mener une politique difficile, dangereuse, de se confronter à la toute puissance financière et à tous les esprits faibles qu'elle a corrompus, quand tant d'autres avant lui ou elle, ont échoué et se sont pliés ?

19 décembre 2016

Le système, comme dit l'autre..., (bien relayé par les médias, qui trouvent ça moins fatiguant), nous impose de choisir un individu supposé charismatique, sans trop se préoccuper des idées.

Et pourtant des idées (nouvelles), nous en avons cruellement besoin pour apporter des réponses aux défis inédits de notre temps :

– disparition progressive du travail entraînant la paupérisation du plus grand nombre et le repli individuel de chacun sur son besoin de retrouver une reconnaissance perdue,
– destruction des ressources alimentaires, énergétiques et de la biodiversité,
– bouleversement des mœurs, qui n'est pas sans remettre en question l'organisation même de la société et sans doute pas sans rapport avec l'explosion violente du terrorisme fanatique,
– la virtualisation progressive des relations humaines.
Toutes choses étroitement imbriquées, qu'il va bien nous falloir affronter lucidement.
Alors bien sûr les idées, il faut qu'elle soient portées par un individu ou un groupe; et il n'est pas indifférent que cet individu ou ce groupe témoignent de quelques qualités comme le sang-froid, le courage et l'opiniâtreté.
Mais nous avons surtout besoin d'idées...

21 Février 2017
Épaté
Ce que j'aime chez Benoit Hamon, que je n'appréciais guère jusqu'alors, pour de multiples raisons, ce qui, pour tout dire, m'épate chez cet homme, c'est qu'il aborde avec courage et lucidité les vrais problèmes de notre temps, toutes les questions qui fâchent, et surtout qu'il propose

des solutions souvent inattendues, très éloignées des remèdes convenus, dont on est fatigué de mesurer l'inefficacité, des solutions souvent très difficiles à expliquer, tant elles vont à l'encontre des idées reçues, des solutions qui témoignent d'une réflexion vraie portée sur notre monde et surtout d'une vision de son évolution probable.

Alors bien sûr, il n'a pas la tête de l'emploi. Dictature de l'image. Société du spectacle. Avec ses airs d'enfant sage et malicieux, il lui manque sans doute ce port de tête hautain, la mâchoire haute et carrée, cette posture mussolinienne, qu'affectionnent tant Mélanchon que Marine Le Pen, pour nous faire croire qu'ils ont les couilles de l'emploi. Mais avons-nous besoin, une fois de plus, d'un chef, ou bien d'idées nouvelles ? Pour le reste, je ne parviens à croire à la réalité de Macron, ectoplasme, avatar, hologramme pour le coup embelli de Gattaz. Et je laisse Fillon aux prises avec la discipline qu'il prétendait nous imposer.

22 Février 2017
Même si je doute de la réalité du candidat Macron, je m'interroge sur son programme, disons plutôt son objectif : la disparition du salariat au profit d'une ubérisation généralisée de la société. Tous entrepreneurs ! Du technicien de surface à l'ingénieur, du professeur des

collèges au chirurgien. Très pratique pour les entreprises : économie de charges (c'est le sous-traitant qui les paie, au prix fort), plus besoin de négocier laborieusement une baisse des salaires (pour être concurrentiel avec les enfants chinois), puisqu'il suffit de choisir, parmi les sous-traitants, le moins-disant.

Le mouvement est d'ailleurs déjà largement amorcé, dans le secteur du bâtiment, par exemple, mais aussi dans le monde médical, où les « intérimaires » sont de plus en plus nombreux, aussi bien en cabinet qu'à l'hôpital. Tant qu'ils sont encore minoritaires, ces derniers se déclarent plutôt satisfaits de leur sort : mieux payés, libres de leur emploi du temps. Quand tous les postes seront pourvus de cette façon, ils déchanteront vite, parce qu'ils devront se plier à la loi de l'offre et la demande.

C'est ainsi que cette nouvelle forme de taylorisme (décomposition du travail en gestes techniques sous-traités à des « entrepreneurs » interchangeables) aura pour conséquence d'accentuer la paupérisation de notre société. Au delà, elle introduira dans le traitement de la « matière » à transformer une discontinuité inédite, qui peut s'avérer dramatique s'agissant de l'humain (école, hôpital, etc.)

23 Février 2017
Stupéfait
Je suis réellement stupéfait de voir tous ces gens, qui ont vomi Hollande pendant 5 ans, se précipiter dans les bras de celui qui en a inspiré la politique économique et sociale, d'abord à l'Élysée, par la suite à Bercy. Et du coup, c'est Hamon qui doit porter le mistigri, lui qui doit endosser la défroque rapiécée d'un parti supposé responsable de tant d'ignominie. Rappelons qu'il n'a pas été choisi par ce parti, en état de décomposition avancée, encore moins sur un programme imposé par celui-ci, mais par 2 millions de citoyens, sur un programme original, novateur et courageux, qui lui est propre, aussi éloigné de la vieille gauche, que je respecte, qui est ma famille, mais qui ne parvient plus à mordre dans la réalité complexe d'une économie globale, que de la nouvelle droite qui tente de nous faire croire aux lendemains qui chantent.

25 Février 2017
Incitatus
À chaque fois, on nous fait le même coup : faire barrage au front national, n'importe qui plutôt que Le Pen (père ou fille). Depuis 15 ans, la France se scinde irrémédiablement en deux : celle des pauvres gens qui n'en peuvent plus de la mondialisation, en rejette, non

sans raison, la responsabilité sur la classe politique traditionnelle et deviennent racistes par un processus inéluctable, qu'expliquait en son temps Maurice Duverger. Et puis celle de ceux qu'épouvante, à juste titre, le retour d'un tel fascisme larvé, même si, sous l'impulsion d'un Philippot, il s'est progressivement paré des atours d'un populisme vaguement gauchisant, à la Peron, ou à la Trump, pour apparaître comme le champion de l'anti-mondialisation. Et ces braves gens de repousser d'emblée tout ce qui peut leur paraître faire prendre le plus petit risque d'une telle rupture, pour reconduire de fait, gauche et droite confondues, les mêmes gestionnaires à la petite semaine, qui nous conduisent dans le mur plein phare et klaxon bloqué. Alors, faisons l'économie de campagnes coûteuses. Puisqu'il faut faire barrage, choisir un autre, quel qu'il soit, comme Caligula, je propose mon cheval. Il est bête à manger du foin, mais il est sympa, avec une jolie gueule.

13 mars 2017
Café du commerce
Dans le genre : je vais encore me faire des amis (ça tombe bien, je n'en cherche pas), faisons le point.
Hamon a de bonnes idées, mais trimballe toutes les casseroles d'un PS globalement honni à juste titre. C'est

un peu injuste. Il devrait faire en sorte de s'en dégager, mais ce n'est pas si facile.

Mélanchon propose un programme un poil irréaliste sur pas mal de points, mais il est porté par un vrai mouvement populaire, qu'on ne peut pas nier.

Ces deux-là sont faits pour s'entendre. Dans un régime parlementaire, ça ne poserait pas (trop) de problème. Mais ce régime à la noix leur impose d'affirmer leur seul charisme jusqu'au dernier moment.

De ce seul point de vue, il est grand temps qu'on passe, en effet, à la sixième république, à la seule condition que cela ne mobilise pas la totalité des énergie, parce qu'il y a pas mal de taf à côté et du lourd.

Alors ben on fait quoi ? me direz-vous. Et bien, la sagesse voudrait que le moins bien placé se retire au dernier moment, même si au dernier moment cela risque d'être bien tard : les reports ne seront pas automatiques. Et si, comme c'est probable, aucun des deux ne se retire, choisir le mieux placé des deux ?

C'est pas la joie, mais quoi d'autre ?

26 mars 2017
Cette élection crépusculaire aura vu l'effondrement des deux partis qui nous gouvernent en alternance depuis 1981 et nous ont mené là où nous sommes dans l'acceptation béate de la mondialisation, par laquelle un

siècle de progrès social fut alors balayé par un coup de baguette magique.

Il n'aura suffit pour cela que la cupidité de l'un, révélée au grand jour, et la débandade des autres s'accrochant à la soupe. Nul besoin de les dégager. Ils ont tiré eux-même la chasse sur leurs turpitudes.

Mais dans un dernier accouplement obscène, ils accouchent d'un monstre, dernier avatar de l'homme providentiel, jeune loup aux dents blanches, gendre idéal portant beau, bien propre sur lui, icône giscardo-kennedyenne, les yeux bleus pétillants des plus beaux billets de banques : « Enrichissez-vous ! ». Éternel Guizot...

Et les braves gens de se précipiter en masse dans les bras de celui qui va poursuivre avec ardeur la politique de ses prédécesseurs honnis.

Reste Le Pen, d'autant plus dangereuse qu'elle dit ce que les plus pauvres ont envie d'entendre, y compris la xénophobie sur quoi débouche toujours la misère et la peur : jeunes sans emploi, chômeurs de longue durée, emplois précaires et temps partiels, ce qu'il reste d'ouvriers, retraites dérisoires, ces bataillons de laissés pour compte, que vont venir renforcer tout ceux en qui monte une irrépressible nausée. Et portée par la lame gigantesque de ce vomissement, elle risque en effet d'être élue.

De l'autre côté, une gauche à deux tête, qui tente de se reconstruire, de se réinventer. Portée, avec l'un, par un vrai mouvement populaire, mais de vieilles idées. Porteuse, avec l'autre, d'idées nouvelles et audacieuses, mais engluée dans les défroques d'un parti en décomposition, dont elle n'a pu se dégager (calendrier, financement). Rassemblée, cette gauche pourrait être au deuxième tour. Il n'en sera rien, parce qu'il est impossible à l'un comme à l'autre de se désister. L'un parce qu'il s'est construit sur le rejet du PS, l'autre parce qu'il en est l'élu et le prisonnier.

1er avril 2017
Café du commerce
Ce que vous n'avez pas compris, c'est que le salaire universel, distribué tant aux riches qu'aux pauvres, n'humilie plus, de ce fait, les pauvres, contrairement à l'assistanat de gauche et à la charité de droite. Chaque individu a droit, au même titre que les animaux, à vivre sous un toit et bouffer à sa faim. Pour le reste, il se démerde.

7 avril 2017
La Peur
Au point où nous en sommes et indépendamment du « spectacle » qui nous est proposé, je ne peux

m'empêcher de redouter que les différents votes à venir aient ce point commun récurrent d'être principalement guidé par la peur : peur du terrorisme, peur de l'autre, de tous les autres, d'un côté ; peur de Le Pen, de l'autre. Le grand bénéficiaire de la seconde est bien sûr Macron, candidat attrape-tout, dont on ne se donne même pas la peine d'analyser le programme, pourvu qu'il fasse "barrage". Pas d'autre alternative, l'affaire est entendue, on ne nous laisse pas le choix. Au point qu'on ne nous communique même pas le résultat des sondages, pourtant réalisés, dans l'hypothèse d'un second tour Hamon-Le Pen ou Mélenchon-Le Pen.

Or il n'échappe à personne que le cumul des voix Hamon-Mélenchon devrait normalement amener la gauche au 2e tour. Alors, sachant qu'aucun des deux ne peut se retirer, pour des raisons déjà évoquées, la question s'impose, douloureuse : pour lequel voter ?

J'ai déjà dit tout le bien que je pensais du programme de Benoit Hamon, qui me paraît le seul à porter un regard lucide, prospectif et inventif sur notre société malade. Mais il est prisonnier (élu) de son parti, qui selon sa déplorable habitude (contrairement à la droite, qui se range toujours comme un seul homme derrière un « chef », aussi détestable soit-il) n'a de cesse de poignarder dans le dos celui qu'il a choisi pourtant démocratiquement. Et puis dans ces jeux du cirque, il n'a pas su, c'est vrai, faire entendre sa musique nouvelle.

Il reste Mélenchon, qui a su dompter son caractère impétueux, souvent imprévisible, pour composer un nouveau personnage de tribun bonhomme et presque consensuel, qui séduit au delà même des clivages habituels. Surtout, il a su créer une vraie dynamique et, du coup, il s'appuie sur un vaste mouvement populaire authentique, enthousiaste, qu'il serait sot de négliger. Mais... son approche de la question syrienne ne laisse pas de m'inquiéter. Mais... la renégociation des traités européens me paraît être illusoire (nécessité d'une approbation unanime des membres). Mais... si l'avènement d'une nouvelle république est certainement souhaitable, elle ne ne devrait pas mobiliser la plus grande part des énergies, lorsque tant de problèmes cruciaux demeurent à résoudre en urgence. Mais... son programme économique et social me paraît dater d'avant la mondialisation et promettre des lendemains qui déchantent, comme on a pu le voir dans les autres pays (Grèce, Espagne, notamment).

Alors ? Je continue à réfléchir…

25 avril 2017

Après avoir honni pendant 5 ans François Hollande (souvent à juste titre), les français vont vraisemblablement se jeter dans les bras de celui qui va poursuivre la même politique et sans doute l'aggraver.

Honni par les classes populaires dont les conditions de vie se sont un peu plus dégradées.

Honni par ses électeurs qui se sont sentis trahis.

Honni par les électeurs de droite, par réflexe pavlovien.

Honni pour sa gueule et ses phrases improbables.

Mais apprécié des marchés financiers.

Mais courageux sur la scène internationale (beaucoup plus qu'Obama).

Mais efficace, quoi qu'on dise dans la lutte contre le terrorisme.

Bilan donc mitigé, qui ne parvient pas à cacher l'essentiel : cette fuite en avant socio-libérale, qui traduit de façon dramatique l'incapacité de la gauche, depuis la mondialisation, à redéfinir sa politique pour trouver la parade appropriée.

Du coup, la France se trouve coupée en deux. D'un côté, la France pauvre qui croit pouvoir trouver dans le FN, habilement repeint sur le plan socio-économique aux couleurs chatoyantes du populisme par l'habile Philippot, une réponse possible au problème posé, faisant fi de sa xénophobie et de ses racines fascisantes, dont il y a tout lieu de craindre que n'en resurgisse la pire des dictatures.

De l'autre, la France des riches et de ceux qui s'imaginent pouvoir le devenir. Surtout la masse des braves gens de cette classe moyenne en plein naufrage, qui ne se font pas trop d'illusions sur l'avenir radieux promis par ce charmant jeune homme qui se voudrait providentiel, mais s'effraient à juste titre du chaos, que ne manquerait pas de produire l'avènement du FN au pouvoir. Ne jamais oublier que Hitler a d'abord été élu démocratiquement (après de nombreux échecs successifs).

10 mai 2017
Les haines et la peur
Je lis avec stupéfaction sur la page d'un éminent intellectuel facebookien la phrase suivante :
« A fait son choix : un despote éclairé plutôt que des démocrates véreux. »
Et je suis très inquiet que sur les décombres attendus du PS et de LR, dont l'alternance a conduit le pays à l'abîme, ne semblent émerger que trois forces politiques :
– deux extrêmes populistes, autoritaires, intolérantes et haineuses – haine de l'étranger, d'un côté, haine de qui pense différemment, de l'autre ;
– un vaste marais au centre, au noyau dur néo-libéral, certes minoritaire, mais fort du ralliement contraint et forcé du plus grand nombre, principalement motivé par la peur (justifiée) de l'avènement possible au pouvoir du front national.

Je me réjouis qu'aucune de ces deux extrêmes n'ait accédé au pouvoir.

Je ne me réjouis pas que ce centre hétéroclite y soit parvenu, même si je suis soulagé que la démocratie perdure.

Il ne va pas être facile de dépasser ces haines et cette peur, pour construire des solutions nouvelles aux ravages de la mondialisation, en toute démocratie, sans besoin de s'en remettre à un sauveur providentiel.

22 mai 2017

Je me suis réveillé ce matin avec une impression bizarre. Le sentiment que ce pays est dirigé par des vieux. Pas de ces vieux flamboyants et fougueux de la troisième qui ont bâti la France à grands coups de barbiche. Des vieux devenus jeunes, comme dirait Picasso. Là ce sont des jeunes vieux, gris, poussiéreux, ratatinés dans leur arrière-boutique, où pend leur blouse d'épicier.

23 mai 2017

Debord

C'est aujourd'hui seulement qu'on peut comprendre qu'il est le seul à avoir imaginé comment le capitalisme allait finalement supprimer une à une toutes les conquêtes sociales, chèrement acquises pendant un siècle, par cet extraordinaire tour de passe-passe qu'est la mondialisation, dont les deux piliers sont en effet la marchandisation et le spectacle.

26 octobre 2017
Pour faire tenir les gens tranquille, il suffit de les couper en deux. Remparts des puissants, les églises s'y sont employées avec succès pendant des siècles. Enfant, cette âme fragile, timide, recroquevillée, m'intriguait. Je me la représentais comme une énorme dragée translucide, gélatineuse, comme superposée à l'intérieur de mon corps.
Nouvel opium du peuple, internet a pris le relais et développe sur les réseaux sociaux une nouvelle et bien plus effrayante schizophrénie collective. L'avatar boursouflé y remplace l'âme transie. Avec d'autant plus d'arrogance qu'il s'avance souvent masqué.

19 février 2018
L'hiver est rude, comme souvent. Après la mort de Dieu et celle du communisme, le socialisme vient d'entrer en agonie. Ce qu'il reste des classes moyennes, vestiges usés de la civilisation des lumières fuient le moribond puant en se bouchant le nez, sous le regard idiot et amusé des financiers qui redoublent d'ardeur à scier la branche sur laquelle ils sont assis. Bientôt privés de toute nouvelles ressources (impôt, consommation), ils auront tout loisir

de jouer entre eux au monopoly, avec la fortune dérisoire et désormais inutile qu'ils se sont amassée, régnant sur un monde reféodalisé, dont la terre dévastée ne permettra même plus de nourrir les milliards de gueux affamés qui la hanteront comme des fantômes et qui se confondront bientôt avec la boue.

13 septembre 2018
Je n'ai pas pour habitude de fréquenter le café du commerce pour y commenter ce qu'on nomme l'actualité. Je préfère le café du port.
Mais je ne peux m'empêcher de penser et de dire qu'il est singulièrement dégueulasse de la part de Macron de se servir de la mémoire de Maurice Audin, mathématicien communiste torturé à mort par l'armée française pendant la guerre d'Algérie, pour tenter de reconquérir ce qu'il reste du "peuple de gauche".

15 septembre 2018
Il y a 61 ans était fondée L'Internationale situationniste. Les concepts alors développés – principalement par Guy Debord – de marchandisation et de société du spectacle paraissaient alors sortis de nulle part. Aujourd'hui, ils prennent tout leur sens et on peut mesurer combien ceux qui passaient alors pour des trublions ont fait œuvre de visionnaires.

« L'aliénation du spectateur au profit de l'objet contemplé s'exprime ainsi : plus il contemple, moins il vit ; plus il accepte de se reconnaître dans les images dominantes du besoin, moins il comprend sa propre existence et son propre désir... C'est pourquoi le spectateur ne se sent chez lui nulle part, car le spectacle est partout. » (Guy Debord, *La Société du spectacle*)

29 octobre 2018
Bon et si on arrêtait de chouiner, de se lamenter, ma pauv' dame on est bien peu de chose, de s'autoflageller (même s'il n'est jamais mauvais de reconnaître ses erreurs).
Il y a belle lurette que les politiques ne servent plus à rien. Ce n'est pas qu'ils soient tous pourris, c'est qu'ils ont perdu tout pouvoir. Depuis 1982. Depuis la mondialisation. Fin de la démocratie. Début de la ploutocratie.
Nous sommes désormais gouvernés par les multinationales, qui n'ont de comptes à rendre à personne. Sauf que c'est nous qui achetons leur merde avec le peu de fric qui nous reste. Et même qui leur filons gratis l'essentiel de leur matière première. Je développe pas, j'ai la flemme.
Alors plutôt que de voter pour des fantoches, de s'exaspérer de leur indignité, il serait temps de chercher ensemble des solutions appropriées. Il y a toujours des

solutions. Faut juste se sortir les doigts du cul, c'est à dire oublier un peu notre individualisme forcené, nos petits problèmes dérisoires et faire un peu fonctionner les quelques neurones qui nous restent.
Danielle Mitterand écrivait, entre autres multiples choses intelligentes et de bon sens :
« Comment pouvons-nous admettre que des êtres humains renoncent à toute réflexion, à toute intelligence, à toute compassion dès que l'argent fait retentir à leurs oreilles les sirènes du rappel à l'ordre ? »
« Ce mot de finance est un mot d'esclave », écrivait, il y a bien longtemps déjà, Jean-Jacques Rousseau.

17 novembre 2018
La révolte des gilets jaunes trouve sa source dans l'accroissement constant de la distance qui sépare le domicile du lieu de travail et des services publics, lequel résulte de la politique de «flexibilité » de l'emploi voulue par le patronat et mise en œuvre par le gouvernement. Or, cette politique, dont on nous affirme qu'elle est le seul moyen de lutter contre le chômage, se révèle non seulement inefficace en la matière, génératrice d'une baisse du pouvoir d'achat pour les plus démunis, mais aussi totalement catastrophique du point de vue écologique. Nous sommes dans une impasse totale, dont il va bien falloir sortir.

10 décembre 2018
Scénarios pour une sortie de crise
Plan A : Hausse significative du SMIC et des pensions de retraite, rétablissement de l'ISF, dissolution de l'assemblée nationale, refonte de la constitution pour une démocratie plus participative.
Plan B : Interpellation et mise en garde à vue de 80% de la population.
Plan C : Démission du président, qui a perdu toute crédibilité, tant auprès des français qu'à l'international.

17 mars 2019
Pour clôturer le grand débat, je me suis entretenu avec moi-même et nous sommes tombés d'accord, quand Michel Serres nous a soufflé : boycotter les produits.
Il a raison Michou. Il ne sert plus à rien de s'exciter contre les politiques, qui ont perdu depuis longtemps toute capacité de modifier le cours des choses, même si cela réchauffe les mains et les cœurs de se retrouver et de se parler autour des braseros de la colère et de la désespérance.
Depuis 1982, le pouvoir réel est désormais aux mains des seuls intérêts de l'économie de marché mondialisée. Ne reste comme seule arme, tant sur le plan social que sur

celui de l'écologie, la seule qui soit redoutablement efficace : le boycott des produits.

« L'inventeur est celui qui désobéit. » (Serres) Je n'ai jamais rien compris à ses livres, mais toujours trouvé lumineux ce qu'il dit. Comme ce bon vieux Luminet, astronome et poète. Allez comprendre. Bon pour la sieste c'est râpé, on dirait …

Écoutant parler de Michelet, dont l'idée d'*accouchement* rejoint celle de Serres (je ne développe pas, je n'ai pas le temps), il me vient cette image de plusieurs longues limousines qui traversent furtivement le village de Varennes à la rencontre d'un Benalla à cheval, coiffé d'un tricorne. Avant de mourir, relire Michelet, Renan, Shakespeare et quelques femmes contemporaines. Pourvu qu'on me laisse le temps, comme disait Boris.

10 avril 2019
Piketty avait proposé en 2008 une réforme intelligente et juste du système des retraites. Personne ne l'avait lu ni entendu. Son seul tort : il a un charisme d'huître. Ce qui est très injuste pour les huîtres qui sont belles et bonnes…

7 décembre 2019

Retraites

Je me demande toujours pourquoi, s'agissant des régimes spéciaux, on nous bassine depuis des lustres avec la SNCF et la RATP. Il en est de multiples autres dans le secteur public et dans le secteur privé (pétrole, marine marchande, juste pour prendre des exemples), dont on ne parle jamais. Il faut toujours trouver des boucs-émissaires à livrer au lynchage et ça fait vraiment chier. Bien sûr, on les choisit pour leur capacité de blocage, susceptible de déplaire. Mais les gens ne sont pas si con. C'est pourquoi je dis : vive les cheminots (dont je fus dans une autre vie).

Et puis, retraite à point ou pas, ce n'est pas le problème. (Au demeurant, il n'y a pas de réelle urgence comptable. Une urgence climatique oui, mais c'est un autre problème, on va pas se disperser.) Non le problème c'est que les gens n'ont plus de quoi se payer un logement, de quoi bouffer et faire bouffer leur enfants, de quoi payer leurs études quand ils sont jeunes, de quoi payer l'EPHAD quand ils sont vieux. Parce que la seule loi qui s'impose désormais est celle du marché. Revenir à l'idée du revenu universelle (que j'avais baptisé en son temps le bouclier vital) et combattre le néo-libéralisme par les deux seuls moyens possibles : le boycott des produits et l'internationalisation des luttes. J'aime bien faire court. Je suis vieux et fatigué. On rentrera dans le détail une autre fois...

4 juin 2020
4 juin 1989. Tian'anmen. Parmi les nombreuses images qui symbolisent la résistance individuelle à l'oppression, c'est sans doute celle qui m'a le plus marqué et, oserai-je le dire, structuré.

5 juin 2020
L'émiettement des indignations me fatigue et empoussière mes souliers, auxquels je tiens pour des raisons qui ne vous regardent pas. La colère doit être globale, tonitruante, dérisoire, comme un éclat de rire ou bien un pet foireux, dans l'attente d'une solution qui reste à imaginer. Mais va falloir qu'on accélère un peu, parce que ça fait 38 ans qu'on pédale dans la choucroute.

18 septembre 2020
1984, date étonnante. Le roman d'Orwell, bien sûr. Mais, aussi rappelez-vous... Ces années d'insouciance, où nous n'avons jamais été aussi heureux. Et puis ce qu'on a appelé le tournant : Fabius après Mauroy. Comment faire autrement ? Ils nous avaient bien niqués Reagan et Thatcher, en imposant la libre circulation des capitaux. Cent ans de luttes et de conquêtes sociales effacées d'un

coût de baguette magique. Le coût d'un travailleur français (salaire et protection sociale) désormais mis en compétition avec celui d'un enfant chinois. Les sièges sociaux qui s'évadent vers les paradis fiscaux. Les politiques réduits au rôle de figurants devant la toute puissance des multinationales. Cela fait presque 40 ans qu'on rame pour imaginer une solution. Parce qu'il faut repartir à zéro et à l'échelle mondiale. Il est sans doute trop tard.

1er novembre 2020
Souvenir lointain d'une campagne électorale confuse, dont on n'a pas fini de payer les dégâts. Je ne roule pour personne. Je roule pour des idées. Ou plutôt, je cherche des idées. Après quoi, il faudra bien les incarner. Parce que ce régime nous y oblige. Et ça c'est pas de la tarte, parce qu'au rayon mannequin, on n'a plus rien en magasin.

LES JOURS

L'ENFERMEMENT

20 mars 2020
Lu quelque part : Quand on sortira du confinement, on sera bons à enfermer.

23 mars 2020
On serre les fesses, on se tient au courant, on essaie de comprendre et on évite d'agresser les autres avec mépris, en se croyant au dessus de la mêlée.

26 mars 2020
Bon, cette histoire commence à me saouler et j'ai envie de penser à autre chose. Je déteste polémiquer. Je m'informe, je réfléchis et je donne mon avis de citoyen. Point barre.

27 mars 2020
Marre de lire des conseils en confinement. Je ne m'ennuie jamais. Je sais quoi faire de mes journées. Et je n'arrive jamais à tout faire, comme d'hab...

28 mars 2020
Après m'être soigneusement lavé les yeux et les oreilles, j'ai décidé d'éteindre radio et tv.
Dites à Macron que suis toujours joignable par mégaphone, de préférence à bord d'une traction avant de marque Citroën, pour le fun, comme au bond vieux temps.

3 avril 2020
Au delà de la compassion et de la solidarité infinies que j'éprouve dans mes tripes pour mes sœurs et mes frères humains, y compris les plus abrutis et les plus répugnants, je suis ému par le spectacle de tous ces animaux qui, timidement, pas à pas, avec étonnement, se réapproprient une planète, qui est aussi la leur.

3 avril 2020
Pendant le confinement, Lionel-Édouard Martin
Pour tromper son ennui rédige des quatrains.
Peu coutumier du fait, je cale au troisième verre
Et m'en sert un nouveau pour faire la double paire.

5 avril 2020
Avec toutes ces histoires de confinement, on n'a plus le temps de rien faire !

5 avril 2020
Bon, comme je n'ai pas de masque, je vais me laisser pousser les poils du nez. Ce sera toujours ça de moins à faire.

5 avril 2020
Gébé. L'An 01
On arrête tout, c'est fait.
Ben non, ils y a tous ceux qui bossent pour nous comme des dingues.
Et puis, on n'arrive pas à réfléchir.
Et c'est tellement triste.
Alors plus tard, après...
Mais, comme disait Van Gogh, la tristesse durera toujours.

8 avril 2020
Finalement, on serait resté à l'heure d'hiver, j'aurais peut-être rencontré un autre gendarme ventripotent qui m'aurait postillonné dessus. Là au moins, il est resté à 2 mètres, sanglé dans son bel uniforme de robocop. La vie ça tient à peu de choses...

13 avril 2020
Pour se résumer, avant l'annonce qu'on nous dit "churchillienne" (nawak), nous aurions eu, comme

plusieurs pays, suffisamment de masques, de tests et de lits de réa, nous aurions évité le confinement et la destruction de ce qui reste de l'économie française. Ah ouais... Carrément !

Et on fait quoi maintenant ? Ah ben, faut attendre que les masques arrivent... Et ils arriveront quand ? Oh, peut-être fin mai ou alors fin juin. On sait pas trop.

13 avril 2020
Colossale finesse de com : on annonce pendant 3 jours le déconfinement pour la fin mai et patatras not' bon maître nous annonce le 11 mai (comme il semble logique). Soulagement (supposé) du peuple. Les enfants à l'école et les autres au boulot. Y'a du retard à rattraper. Sauf les vieux qui servent à rien. Tout va bien. On pouvait pas prévoir. Merci pour tout et à bientôt.

18 avril 2020
Après avoir gazé et tabassé les infirmières, au lieu de commander des masques en temps utile, ils ont acheté en urgence des gaz lacrymogènes, des LBD et des drones et dressé 500 000 contraventions. Ça promet des lendemains qui chantent comme le sifflement des grenades. C'est d'ailleurs la seule chose qu'ils savent vraiment faire depuis qu'ils sont là.

Après une semaine de glandouille et de pitreries, pour noyer ma colère, je vais tenter de reprendre une activité normale. À commencer par faire un peu de ménage, ce qui n'est pas mon activité favorite... Haut les cœurs !

20 avril 2020
On nous rabâche à longueur de journée qu' « il n'y a pas de traitement » (suivez mon regard). Pourtant, fort heureusement, de très nombreux malades ressortent de l'hôpital « guéris ».
Alors je me demande : ils leur font quoi à l'hôpital, pour les guérir ? Des chatouilles ? La danse du ventre ? Non, je crois bien qu'ils leur administrent des « traitements ». Pas forcément les mêmes. En leur âme et conscience. Ils font leur job. Ça marche ou ça marche pas. Souvent ça marche et les patients ressortent guéris.
Comme pour la plupart des autres maladies, il n'y a pas de « médicament miracle », présent ou à venir. Il n'y a que des traitements, souvent très efficaces, dont on veut interdire certains plutôt que d'autres, pour des raisons obscures, qui devront être élucidées.
Et laissons faire les médecins. Ils peuvent tâtonner, se tromper, mais ils font au mieux, pour chaque malade.

25 avril 2020
Première sortie masqué
Je m'pointe à la supérette et voilà-t-il pas qu'ils mettent tous les mains en l'air et qu'ils me jettent leurs portefeuilles. Du coup, ça a payé mes courses. Je ne crois pas qu'ils m'aient reconnu...

26 avril 2020
À partir d'un certain niveau de folie collective, le plus simple me paraît être de garder sa bonne humeur.

5 mai 2020
Nous ne sortirons pas indemnes de cette crise.
Traumatisés, sans doute bien plus encore que par le confinement, par le matraquage anxiogène des médias qui se complaisent à entretenir l'incertitude et les querelles stériles pour maintenir leur audience et la confusion dans les esprits.
Écrasés, appauvris, précarisés, mis à la rue par l'effondrement économique qui va suivre inévitablement.
Mis à distance durablement les uns des autres, sans possibilité de révolte collective.
Livrés pieds et poings liés aux GAFA qui détiendront les clefs de notre nouvelle vie virtuelle, confinée dans la solitude de notre seul corps connecté.

20 000 lits de réanimation, des tests, des masques, des blouses, des gels, comme en Allemagne, qui ne dépense pas plus pour la santé, auraient suffi à l'éviter.

8 mai 2020
Le 11 mai, ils sortirent un à un de leurs tanières, hébétés, titubants, aveuglés par le soleil. Puis vint le moment où ils osèrent se regarder en coin, furtivement. Ils n'en crurent pas leurs yeux : ils n'avaient plus de bouche, ni de nez.

13 mai 2020
Arrêtez de faire chier les femmes qui font du shopping. Ce sont elles qui nous sortent de la merde, chaque jour.

15 mai 2020
Il faudrait parvenir à parler d'autre chose, mais nous sommes piégés, parce qu'il faut bien se tenir au courant de leur dernière connerie, pour connaître nos entraves et savoir jusqu'où ils vont aller.

16 mai 2020
En fait, s'il n'y avait pas ce machin, je serais de super bonne humeur !

17 mai 2020

Si je pose ma serviette sur une plage déserte, je risque de me faire éborgner par un tir de LBD… J'ai compris : c'est parce que sous la plage, il y a des pavés !

Mai 2020

Je peux évidemment me tromper. Et je ne suis pas médecin, comme il faut dire maintenant pour être politiquement correct. Cela dit les médecins aussi peuvent se tromper. C'est même l'honneur de leur profession que de prendre constamment le risque de se tromper, pour tenter de sauver chaque malade. Parce que la médecine n'est pas une science exacte, c'est une pratique empirique.

J'en viens à mon propos : cette supposée deuxième vague qui nous menacerait, un peu comme le ciel menaçait les gaulois de leur tomber sur la tête. Il semble bien que jamais aucune épidémie n'ait jamais connu de deuxième vague. Alors on nous dit : « On ne sait jamais ; on ne peut pas savoir. Ce virus est nouveau ; on ne le connaît pas. Virus du troisième type donc. Sans compter qu'un astéroïde peut un jour venir heurter la terre. Et je ne parle pas des trous noirs, qui seraient très voraces.

Principe de précaution, donc, qu'il eût mieux valu appliquer un peu plus tôt, quand on brûlait fin mars, en plein confinement, quelques 600 000 masques, qui eussent peut-être permis d'éviter justement ledit confinement et l'effondrement économique qui s'ensuit.

Là où je veux en venir c'est que cette deuxième vague annoncée me paraît être une sorte de droit à un deuxième essai que s'arrogent ceux qui ont salement merdé depuis le début : « Maintenant, on est prêt, vous allez voir ce que vous allez voir, on va n'en faire qu'une bouchée de la deuxième vague ! ». Il leur aura fallu quand même trois mois pour être prêts. Peut-être pas pour cette deuxième vague, qui n'est sans doute qu'un fantasme. Mais au moins pour les épidémies suivantes. Ce ne sont pas les virus qui manquent. Je suppose qu'en psychiatrie cela doit porter un nom bien ronflant, ce besoin de rejouer la partie, après qu'on l'a perdu. Pouce, j'étais pas en super forme. On recommence ? En attendant, on va pas mal en chier pour un bon bout de temps.

24 septembre 2020
J'hésite entre deux hypothèses : ils vont nous rendre cinglés, ou bien nous faire mourir de rire.
Vu le niveau d'humour général, je penche pour la première.

13 novembre 2020
Liberté d'expression
Il semble que désormais le moindre doute, la plus petite interrogation, voire la timide critique du bien-fondé de la

parole officielle, abondamment et complaisamment relayée par les médias, soit aussitôt qualifiée de complotiste. Ce qui est très vilain : la terre est plate, tout ça... Sans compter que l'extrême-droite, hein, vous m'avez compris !

Et donc, fin du débat démocratique. Mais n'allez pas vous plaindre. Il vous reste la caricature et, pour ceux qui ne savent pas dessiner, l'insulte, dont il est conseillé d'user avec modération.

2 janvier 2021

En ces temps difficiles, que pourrions-nous bien nous souhaiter ? Peut-être de conserver intacte le plus longtemps possible la capacité d'en rire !

3 janvier 2021

J'ai presque la nostalgie d'un temps pas si lointain où il y avait encore dans l'air comme une solidarité joyeuse. Je ne me suis jamais autant promené, pour profiter pleinement de cette heure de liberté qui nous était octroyée, ni autant régalé qu'avec ces fabuleux menus à emporter. Au bon vieux temps du confinement.

12 janvier 2021

Bon alors on fait quoi, au lieu de se lamenter, de protester, de pétitionner, de manifester, ce qui ne sert à rien d'autre qu'à se faire ficher ou casser la gueule.

Sûrement pas la violence. On n'en peut plus de la violence. Alors quoi ? Il doit bien y avoir des moyens non-violents de résister à cette folie, à cette fuite en avant suicidaire. Le silence des intellectuels est assourdissant. Alors utilisons les quelques neurones qui nous restent et cherchons…

19 janvier 2021
Le gouvernement hésite : faut-il rouvrir ou rouvrir ?

23 janvier 2021
Vivement le confinement que je sois obligé de sortir 1h chaque jour, parce que là je m'encroûte. Il faut toujours positiver !

17 mars 2021
Le 16 mars 2020, la France stupéfaite vit sa dernière journée d'avant le confinement. À la sidération se mêle une sorte de gaîté, pleine d'espérances joyeuses que ce curieux virus nous fasse tirer leçon de tant d'errements accumulés et d'un coup de volant salvateur nous permette d'éviter le mur sur lequel nous foncions plein phares en klaxonnant.

22 mars 2021
Il y a un an... À bien y repenser, il y avait dans notre incrédulité un air de gaîté, un sourire d'espérance, un élan de solidarité. Aujourd'hui, il n'y a plus rien. Nous étions sidérés, nous voilà pétrifiés.

1er avril 2021
Ce qu'il y a de reposant avec Macron, c'est qu'on est toujours sûr qu'il va prendre, non pas la plus mauvaise décision (qui demande un minimum de réflexion et un certain courage), mais la plus... (restons poli) absurde.
Reposant, mais lassant. Nous avons un besoin urgent d'être surpris, étonnés, ébahis, éblouis, subjugués. Par l'audace ou par la raison. Un truc qui nous apaise et nous fasse du bien.
Un exemple pris au hasard : augmenter le nombre de lits de réanimation et former le personnel ad hoc (en un an, on pouvait) et peut-être s'intéresser aux traitements curatifs, certes moins juteux que les vaccins... Ce qui ne devrait pas coûter si cher, aux regard des milliards jetés par les fenêtres, pour tenter de colmater les brèches d'un navire qui coule bel et bien.

26 avril 2021
C'est de quoi j'ai le plus de peur que la peur.
(Montaigne)

En ces temps difficiles où la peur de ceux qui craignent de mourir terrifie ceux qui veulent vivre, il n'y a rien de plus apaisant que de connaître quelqu'un qui vous fait rire.

11 mai 2021
Qu'est-ce qu'on a pu se marrer il y a un an pendant le premier confinement ! Comme un air de jubilation. Il y a comme ça des moments magiques, où le temps suspend son vol. Où dans ce grand silence, tout nous paraît possible, comme au matin du monde. Comme en mai 68. Et puis vient la renverse et la folie du monde nous submerge à nouveau et nous fracasse, dans un retour de vague assourdissant.

17 mai 2021
Pourquoi de ce grand foutoir ne garderons-nous en mémoire que la parenthèse charmante du premier confinement, de ce voyage en absurdie, qui nous aura fait tant rire ?

13 juillet 2021
Je commence à être fatigué d'être chaque jour stigmatisé par des donneurs de leçon dressés sur leur ergots qui relaient béatement le discours institutionnel. Je me garderai bien de critiquer ceux qui se font vacciner

souvent pour de bonnes raisons, parfois sous la contrainte, et je n'ai rien contre les vaccins en général, particulièrement ceux qui ont fait leur preuve. Je souhaite simplement rassurer tous les délateurs en puissance, chez qui la peur semble avoir paralysé tout semblant de réflexion : les vaccinés n'ont rien à redouter des non vaccinés puisqu'ils sont vaccinés. En revanche les non vaccinés ont tout à redouter des vaccinés qui demeurent contagieux. Mais cela reste leur affaire et leur liberté.

26 août 2021
Un jour les hommes cessèrent de se toucher...
Mais ils pouvaient encore,
sur la pointe des pieds,
mordre les fesses des anges.

Décembre 2021
Afin de participer à la matinée d'accueil des nouveaux arrivants de ma commune, j'ai dû me faire trifouiller le nez. (Il m'a fait mal ce con !)
Le côté farce de tout ça, c'est qu'au milieu des 50 participants, je devais être le seul dont on peut affirmer avec certitude qu'il ne pouvait contaminer personne.
En sortant, comme il tombait des cordes, je me suis fait le resto d'en face.

10 février 2022
Je ne parviens pas bien à saisir le sens de l'adjectif « autoproclamé » que, depuis ce matin sur France Inter, nos gentils journalistes, experts en libertologie, accolent systématiquement, avec une touchante unanimité, aux convois de la liberté. J'ai bien compris qu'il s'agissait, sur ordre, de les discréditer avec un qualificatif un peu nouveau, quand celui de complotiste est usé jusqu'à la corde. Mais je suggère de faire plus simple pour se faire bien comprendre en utilisant, plutôt que ce mièvre « auto-proclamé » qui ne veut rien dire, un truc plus consistant et facilement accessible comme CACA BOUDIN.
N.B. À l'intention des allergiques au second degré, je précise que cette initiative, toute auto-proclamée qu'elle soit (comme toute initiative) a toute ma sympathie.

17 mai 2022
J'ai la nostalgie du premier confinement. Qu'est-ce qu'on a pu se marrer...

LA VIE

29 novembre 2015
On peut s'abandonner au désespoir
et se laisser porter comme une feuille par le vent
qui viendra la coller sur un vieux tronc moussu.
Ou s'en aller courir, vent arrière,
comme des chevaux de mer
au regard fou.
Pourant au désespoir, je préfère la colère.
La colère et la joie,
qui sont pures tensions.
Colère de l'athée et joie de qui espère.
Colère et joie mêlées,
Bandées.
Comme la voile qu'on borde, pour remonter au vent.
Pure énergie.
La vie.

1er décembre 2015
Finalement, la philosophie m'a toujours fait chier. Déjà, en terminale, je passais l'heure de philo à faire mes problèmes de maths, sous l'œil hautain et méprisant du

prof, qui nous haïssait autant que nous le haïssions. La haine déjà. Les clans, les chapelles. Toute tentative de raisonnement ne peur guère nous servir, au mieux, qu'à bouffer tous les jours, au pire qu'à détruire la planète. Pas d'avantage. Et sûrement pas à se rapprocher un tant soit peu de la compréhension du monde. Restent la poésie, la musique, la peinture, qui nous éclairent un peu, parfois, de leur fulgurances et nous aident, un peu, parfois, à survivre, sans avoir besoin de se bourrer la gueule. C'est dire que je suis d'une humeur à chier.

5 janvier 2016
J'ai un problème : quoi que je pense, fasse, ou dise, c'est une connerie. Et le plus consternant est que si je pensais, faisais ou disais exactement le contraire de ce que je pense, fais ou dis, ce serait également une connerie. Il est grand temps que je mette à la philosophie. Il y a du taf et il ne me reste plus trop de temps.

12 janvier 2016
Il y a des jours où on a envie de se vider la tête de tous ces mots, de toutes ces images, de toutes ces musiques, de tous ces rêves, afin de mieux manger, baiser, dormir, courir, nager comme un animal joyeux qui remue la queue.

15 mars 2016
J'ai du m'égarer, passer de l'autre côté du miroir, un truc du genre 4e dimension. S'il vous plaît, je voudrais revenir dans la vraie vie avec de vrais gens. Dites-moi où est la sortie !

16 juin 2016
La seule question qui vaille qu'on y réfléchisse : pourquoi les hommes sont si laids et si cons, quand tous les animaux sont sereins, épanouis, en harmonie avec le monde.
Bon, c'était samedi soir : Dieu a du prendre une grosse biture...
NB : *Prendre une biture* (marit.) : disposer sur le pont la chaîne de mouillage en zigzag, pour faciliter son défilement dans l'écubier. Par analogie, se déplacer en titubant, à la sortie d'un rade.

1er avril 2017
Finalement, il n'y a que deux grands mystères : l'amour et la cruauté. Lesquels n'en font peut-être qu'un : l'envie de manger l'autre.

3 avril 2017
Je tiens ma vie dans un mouchoir de poche.
En nouer les quatre coins, avant qu'elle ne s'échappe.

3 avril 2017
Net-réalité
Il faudrait un nouveau Debord pour décrypter plus avant ce dernier avatar de la société du spectacle et de la marchandisation que sont les réseaux sociaux, où s'exhibe et se vend l'intime.
Ultime et dérisoire identité, en quête de reconnaissance.
Ultime matière première, après qu'on a épuisé tant les ressources naturelles que la force de travail.
Marchandisation de l'intime, pour quelques likes de plus.

7 avril 2017
Trouver en l'autre la corde qui sonne non point à l'unisson, mais en harmonique.

25 avril 2017
Encore un bouquin et je prends des vacances. Je n'ai pas arrêté depuis septembre. Et tout ça et le reste me fatigue. Pourquoi je fais ça ? Qu'est-ce que je fous ici à parler tout seul comme un vieux con ? Mais je ne sais pas ne rien faire…
Depuis ma naissance, je suis un train qui fonce à toute allure dans le noir. J'ai un peu mal au cœur. Je voudrais que ça s'arrête, dans une petite gare, avec des fleurs.

16 mai 2017
Il faut aimer ceux dont on n'attend rien.

16 mai 2017
Je ne comprends rien à l'amour (trop compliqué), je redoute l'amitié (source de trahison). Mais j'aime bien la complicité, la connivence, étincelle fugace dans la nuit où se croisent par instant les destins.

26 septembre 2017
La colère, c'est pas bien. C'est Google qui le dit. C'est vilain, c'est caca. Pas une phrase positive. J'avais envie d'un truc qui me rassure et qui me berce. Rien. Nada. Parce que la colère, je ne connais que ça. Depuis que je suis né. C'est mon épine dorsale, qui me fait tenir droit. Toujours. Comme l'étai le mat. Je n'en veux à personne. Ce n'est que mon état.

23 mars 2018
Un jour de grande marée, c'est là qu'il faut aller, les autres jours aussi. Le paradis sur terre. Je ne vous dirai pas où c'est.

27 avril 2018
C'est très compliqué de communiquer avec l'autre, de comprendre sa différence. Qu'il soit d'une autre couleur,

d'un autre sexe, de l'autre côté de la rue, d'une autre génération. Il ne suffit pas d'avoir les outils langagiers et culturels, il y faut de l'envie, une forme d'appétit, de curiosité gloutonne, finalement le désir de s'enrichir de cette différence.

Et là encore, cette envie, ce désir ne vont pas suffire si on ne prend pas garde de repousser le miroir qui masque l'autre et nous oblige à n'y voir que notre propre reflet.

Ce miroir que le romancier promène le long du chemin, comme l'écrit Stendhal. Si bien qu'il ne saurait investir le cerveau d'aucun autre de ses personnages, comme le souligne Sartre, lorsqu'il se moque de Mauriac.

Pourtant, Balzac est bien le Dieu de sa Comédie humaine. Mais ceci est une autre histoire.

13 mai 2018
Attentat au couteau. Quasiment imparable. Ça devient compliqué.
Arrêter de fumer, arrêter facebook, arrêter le fromage, arrêter de se promener dans la rue...
Reste plus qu'à se cacher sous la couette pour se faire des chatouilles...
Et puis partir en mer, cligner de l'œil aux dauphins !
Avec quoi, je dois désinfecter le frigo ?

16 mai 2018

Je n'ai jamais trop aimé les moteurs. Sauf peut-être ceux des très belles motos, comme la Triumph Bonneville, que l'on peut admirer et cajoler, assis le cul par terre, ils sont le plus souvent très laids, inaccessibles, capricieux et incompréhensibles.

Inventés pour permettre de se déplacer plus rapidement, ils ont largement contribué à bousiller cette planète.

Je leur ai toujours préféré les moyens qui, depuis la nuit des temps, ont permis à l'homme de se déplacer agréablement, sans recourir à cet appendice bruyant et puant : en montagne, le ski ; sur la mer, la voile. Entre les deux, on devrait se contenter de ses pieds ou recourir à l'aide de compagnons sympas comme le cheval ou les chiens de traîneau.

19 mai 2018

« Je fais toujours ce que je ne sais pas faire, pour pouvoir apprendre à le faire... » (Picasso)

« La guerre est une affaire trop sérieuse, pour la confier à des militaires. » (Clémenceau)

J'ai toujours pensé qu'il fallait rechercher (pour soi), favoriser, encourager (chez les autres) le contre-emploi, vrai source de créativité, d'inventivité dans la résolution des problèmes complexes, tant il est vrai que les

problèmes sont faits pour être résolus, plutôt qu'être indéfiniment ressassés.
Et puis, il y a des jours, où on voudrait être bêtement dans l'emploi, parce que ça doit être reposant…

22 juin 2018
Les uns disent : faut s'occuper des autres. D'autres (ce sont parfois les mêmes…) : faut s'occuper de soi... Faudrait savoir ! Mais bon, faut s'occuper, c'est sûr. Se remplir. Pour tuer le temps, avant qu'il ne nous tue.
(Bob l'éponge, in *Il y a des jours où je ne comprends rien à Nietzsche*)

15 septembre 2018
Je n'aime pas Facebook
J'aime les vrais gens
J'aime les vrais gens qui me sourient
J'aime les vrais gens à qui je souris
J'aime parler avec des vrais gens
Qui me sourient et à qui je souris
On se dit plutôt rien que tout
Mais ça réchauffe comme un vieux poêle
Mes mains tendues aux doigts gelés
J'aime le café du port, où on m'appelle JP.

15 septembre 2018
Je n'aime pas la philosophie. Le genre de truc qui te casse : tu es là pour en chier, mec ! Et rejoint en cela l'économie dominante.

16 septembre 2018
La seule chose que je ne supporte pas, qui me donne envie de me boucher les oreilles et de partir en courant, c'est le regard fixe de celui qui a des certitudes.
Les étoiles dansent dans les yeux de celui qui doute.
Doux out. Lumière d'août.

11 novembre 2018
J'appartiens à une génération dont la fascination pour la guerre de 14-18 trouve son origine dans les silences assourdissants (plutôt que les récits) opposés à nos questions d'enfant par ceux de nos grands-pères qui avaient survécu à cette innommable boucherie. Au moment où nous allons être submergés par tous les inévitables livres, films et autres émissions spéciales de radio et TV, semés à la va-vite dans le sillage des pompeuses commémorations, il paraît important de ne pas oublier que cette épouvantable fosse ouverte au cœur de l'Europe n'a pas seulement englouti des millions de jeunes hommes, qui ne demandaient qu'à vivre, mais sans doute aussi toute une civilisation qui aura sans doute

atteint son apogée juste avant que le conflit n'éclate, tant il parait aujourd'hui plus évident que jamais qu'elle ne lui a pas survécu.

25 mars 2019
Fi de mes bonnes résolutions... Je ne peux tout de même pas raconter toutes les conneries qui me passent par la tête sur le blog que je viens de créer sur le nouveau site des éditions Le Bateau ivre. Ce ne serait pas très sérieux, ni très professionnel. Alors il me faut bien reconnaître que j'ai besoin de venir sur cette foutue page, comme on va au café du port, se frotter un peu aux autres, tous les autres, ceux qu'on aime et ceux qu'on n'aime pas, pour se réchauffer, échanger des regards en coin et des phrases convenues, parfois même parler tout seul, affalé sur le comptoir…

5 avril 2020
Dans le même genre, j'ai la moitié des cheveux qui poussent vers l'avant et l'autre moitié vers l'arrière. Alors, comment je me coiffe, hein ? Et que va penser ma caissière de la supérette ? On est bien peu de chose (avec ou sans s ?)

17 avril 2020
Un monde sans hommes ce serait bien. Juste des femmes... Et quelques boucs, dans un enclos, pour la reproduction. J'ai de bonnes chances d'être retenu, si je continue comme ça. À l'odeur.

17 avril 2020
Bientôt, *Les vaches n'auront plus de nom»*, un documentaire d'Hubert Charuel, qui avait signé en 2017 le thriller rural *Petit Paysan*.
C'est ben dommage. Au revoir La Noiraude...

19 avril 2020
Dans la géométrie euclidienne, les parallèles ne se rejoignent qu'à l'infini, offrant une perspective de souffrances ininterrompues, dont le poète fait son miel.
Comme nous ne vivons pas dans un monde euclidien, il nous faut alors choisir entre la géométrie hyperbolique, dans laquelle il existe une infinité de parallèles qui passent par un même point, ce qui assez décourageant, et la géométrie sphérique, dans laquelle toutes les droites peuvent s'entrecouper, ce qui est tout de même beaucoup plus sympa.
Par chance, nous vivons sur la terre, qui ressemble d'avantage à une sphère qu' à une hyperbole. Youpi ! Vive la vie !

1er mai 2020
À défaut de muguet, je lève mon mug à la santé des travailleurs dont c'est la fête, pas celle du travail. Celle des travailleuses, c'est tous les jours, surtout ces derniers temps.

13 mai 2020
Un clignement de mer sous un ciel qui s'envole.

17 mai 2020
Garder du temps de cerveau disponible, c'est important... Mais je le fais quand le ménage ?

19 juin 2020
Confinement des chats de la rade !
Je sens que je vais encore m'énerver...
Et demander la capture de tous les cons errants de la rade !

6 juillet 2020
Déboulonnage
Ultima Thulé, le plus lointain astéroïde observé du système solaire (débaptisé récemment pour des raisons stupides par la NASA).
C'est aussi le titre d'un livre magnifique de Jean Malaurie sur les inuits.

Thulé est une petite ville côtière du nord-ouest du Groenland, dont les habitants ont été déplacés en 1943, 100 km plus au nord, pour construire la base américaine du même nom.

9 juillet 2020
Dans la vraie vie
Avant d'entrer dans la supérette, sur le parking, dans une grosse bagnole, genre pseudo 4X4 de merde, toutes vitres ouvertes, le mec un peu crade affalé sur le volant, le tél. hurle sur les HP : « C'est pas deux bières, que tu as bu, c'est une bouteille de vodka. »
Je ressort 5 minutes plus tard avec salade, tomates, jambon (pour montrer que je fais des efforts). Les haut-parleurs hurlent toujours. La voix de la fille est charmante, elle dit des choses intelligentes à ce mec défoncé, écroulé, qui ne répond jamais. Je ne sais pas pour qui j'angoisse le plus : cette fille étonnante ou bien celui ou celle qui va croiser la route du mec quand il va redémarrer.

27 juillet 2020
Mes chats ont une vie affective compliquée. Mais ils ne font chier personne et ne détruisent rien. Ils n'ont pas besoin d'eau pour se laver et enterrent leurs crottes.

Pourquoi l'homme est-il la seule espèce animale qui sème sa merde partout ? C'est la seule vrai question.

27 septembre 2020
Il demeure parfaitement possible de s'exprimer in petto.

30 octobre 2020
Laissons parler notre colère, laissons-là nous vider jusqu'à l'âme, figée par l'effroi.
Nous sommes recroquevillés comme de petits enfants envahis par la peur, parce que nous avons perdu confiance. Confiance en nos valeurs, confiance en ceux qui nous gouvernent.
Pourtant nous sommes capables de tous les courages et de toutes les abnégations. À la seule condition de savoir et comprendre pourquoi nous devons endurer une telle souffrance.

15 novembre 2020
Il faudrait essayer de trouver une sorte de poésie lugubre au crétinisme triomphant. Celle des orphelinats catho d'Irlande et d'ailleurs, des bagnes pour enfants.

17 novembre 2020
Je n'aime pas trop Facebook, pour de multiples raisons. Mais cela me permet de maintenir un minimum de lien

social, lorsque les autres sont prohibés, et d'essayer de vendre des livres qui n'intéressent personne, mais ça c'est une autre histoire.
Surtout, j'y trouve chaque matin des souvenirs qui me réveillent, me secouent les neurones et me permettent de me redresser pour tenter d'affronter une nouvelle journée.
Pour le reste, si je veux conserver le sentiment d'exister, il faut que je mette des chats, beaucoup de chats. C'est le seul truc qui marche du tonnerre de Dieu.

17 novembre 2020
Je trouve que la voix des femmes a changé : elle est devenue (encore) plus mélodieuse. J'aime bien et j'en profite tant qu'on ne nous oblige pas à nous boucher les oreilles. Bon c'est l'heure de la sieste. Do not disturb.

17 novembre 2020
Dans ce monde devenu fou, il nous reste les chats. Et tant d'autres animaux merveilleux, qui disparaissent les uns après les autres.
Le chat a toujours été l'ami de l'homme et singulièrement des écrivains.
Au hasard, Baudelaire, Colette, Sternberg
Moins connus : Mandiargues, *Monsieur Mouton*, Jean-Marc Roberts, *Toilette de chat*.

1ᵉʳ décembre 2020
Faudrait peu-être pas en rajouter avec la pleine lune ! On est déjà assez énervés comme ça...

26 décembre 2020
Excédé de lire des articles qui commencent par « Et si... »
Je ne peux pas m'empêcher de penser à ma tante.

19 janvier 2021
Interflora m'envoie un mail prometteur : « Câlins à volonté », parce que jeudi c'est la journée internationale des câlins. Si, si. Faut que je me fasse une beauté !
NB : Renseignements pris, ils veulent m'envoyer un ours en peluche...

8 mars 2021
Être et avoir
C'est tout de même un monde qu'on puisse acheter des *actions* pour avoir le droit de ne rien faire !
Comme on achetait jadis des *indulgences* pour réserver sa place au paradis...

4 avril 2021
Vous allez me dire : « Pourquoi des vaches en chocolat ? ». C'est pas si compliqué. Les cloches volent le jour de Pâques. Seulement le jour de Pâques. Ne me

demandez pas pourquoi. Alors au tout début, timidement, elles ont volé des œufs. Pour s'entraîner. Et puis, vous connaissez l'adage : « Qui vole un œuf, vole un bœuf… »

10 avril 2021
Bon Galilée ok. Les fusées, je veux bien. La brouette aussi. Mais le moteur à explosion, la dynamite et la bombe atomique, franchement on aurait pu s'en passer. Et voilà-t-il pas qu'une généticienne à la radio m'explique qu'on peut très facilement enlever leurs cornes aux vaches. Alors là je dis non. L'arbre de la connaissance ça suffit.

11 avril 2021
C'est agréable de traverser la Sarthe. Des paysages de Vallotton. Et toutes ces vaches en liberté sur de vastes prairies. De belles vraies vaches auxquelles des généticiens en folie n'ont pas encore arraché les cornes. J'aime bien les vaches.

20 avril 2021
Manifeste divagationniste
Nous,
chats,
navigateurs,
écrivailleurs,

pochtrons,
quelques autres humains de bonne compagnie
et tous les animaux
affirmons notre droit imprescriptible à divaguer comme bon nous semble.
(étym. : du bas latin *divagari* « errer ça et là »)

20 avril 2021
J'aimerais comprendre un truc. Sur FB tout le monde aime beaucoup les chats, trop mimis, tout ça. Et puis dans la vraie vie, on ne supporte pas de les voir *divaguer*, c'est à dire se promener, parce que vous comprenez peuvent être des chats sauvages pas vaccinés (!) et même pas castrés (vous vous rendez compte !), qui font caca dans mes salades, que c'en est dégoûtant. Faut qu'ils restent enfermés. Confinés, quoi. Mais ils peuvent faire les cons devant une caméra, ça c'est permis.

23 avril 2021
Je mène la nuit une vie parallèle qui ne laisse pas de m'étonner. La nuit dernière, j'ai été élu à la succession de Joe Biden. Et la cérémonie d'investiture m'a donné le frisson. Je devais franchir à pied dans un sens puis dans l'autre une sorte de pont, dans des conditions assez acrobatiques au moment du retournement, pour finalement recevoir des mains de mon prédécesseur un

téléphone portable, insigne de la fonction et contenant sans doute le code du feu nucléaire. Mais Joe Biden n'était pas à l'arrivée. Pénétrant dans une sorte de caravansérail, rempli à tous les étages de nombreuses femmes absorbées par leur tâches et parfaitement indifférentes à mon désappointement, je me suis mis en quête d'une salle de douche, pour être présentable, car j'avais beaucoup transpiré. Mais les chats revenus de vadrouille m'ont sauté sur le ventre et je me suis réveillé.

5 mai 2021
Faut-il commémorer Napoléon ? Le baiser du prince à la belle au bois dormant était-il consenti ? Ai-je le droit de manger du céleri aux palourdes ?
Je veux sortir !!!

17 mai 2021
Quand je tape *matriarcal*, le correcteur le remplace par *patriarcal*. C'est pas gagné.

21 mai 2021
Je trouve la voix des jeunes femmes d'aujourd'hui très mélodieuse. Mais je ne voudrais pas en tirer de conclusion trop hâtive.

24 mai 2021
Savez-vous que chez les grecs la déesse de la neige s'appelait Chioné. Ces gens-là étaient des malpolis.

16 juin 2021
Auparavant les choix étaient beaucoup plus simples : c'était Spirou ou Tintin, Les Beatles ou les Rollingstone, la gauche ou la droite, la mer ou la montagne, le beurre ou l'argent du beurre. Au pire, on choisissait les deux ou on tirait à pile ou face.
Mais aujourd'hui c'est devenu trop compliqué. Je veux descendre !

20 juin 2021
Comme l'écrivait avec tant de justesse le comte de Lautréamont, il n'y a rien d'autre à faire que de se fendre la poire, jusqu'à plus soif.

27 septembre 2021
Je viens de voir passer un chien avec un collier lumineux. Rose fuschia. Pas con. On pourrait aussi remplacer le QR code par un collier de ce genre. Ce serait plus festif.

OEUVRES DE ÉTIENNE DAY

Mél ou la nappe bleue, roman (2003)
La Renverse, roman (2013)
Bref, chroniques (2022)
Mésanges, poèmes (2023)

© 2023 Étienne Day
Édition : BoD - Books on Demand, info@bod.fr

Impression : BoD – Books on Demand,
In de Tarpen 42, Norderstedt (Allemagne)

Impression à la demande

ISBN : 978-2-3224-8814-8

Dépôt légal : Novembre 2023